Gretel Fieler   Farben aus der Natur

Dieses Buch widme ich den jungen Menschen,
die auf den einsamen Höfen Nordfrieslands
zusammenleben,
dort Schafe ziehen, spinnen und färben.

Gretel Fieler

Farben aus der Natur

Eine Sammlung alter und neuer Farbrezepte
für das Färben auf Wolle,
Seide, Baumwolle und Leinen

Verlag M. & H. Schaper Hannover

textilkunst-Fachschriften

Satz, Druck, buchbinderische Verarbeitung: CW Niemeyer-Druck, Hameln

ISBN 3-7944-0099-2

Inhaltsverzeichnis

Einleitung

Diese Sammlung alter und neuer Naturfarbrezepte wurde für die Freunde des textilen Gestaltens zusammengestellt, die in ihrem Bemühen schöne Farben zu erhalten, die Grenzen der chemischen Färberei erkannt haben und zu den Ursprüngen der natürlichen Färberei zurückkehren möchten.
Die Suche nach den natürlichen Grundstoffen der Farben ist ein langes Gespräch mit der Natur, denn tief in den Pflanzensäften schlummern fast unerschöpfliche Möglichkeiten der farblichen Gestaltung.
Jeder Mensch, der sich mit Färben und textilem Gestalten beschäftigt, wird geprägt durch seine persönliche Naturerfahrung und aus seiner Landschaftsumgebung her, eine ganz eigene Farbskala entwickeln. In unserer hochindustriellen Zeit, in der fast alles mechanisch erstellt und dem Menschen beinahe jegliche Handarbeit abgenommen wird, ist das Wiedererlernen des „Handgebrauches" ein Erlebnis. Alle in diesem Buch besprochenen Arbeitsvorgänge waren einst selbstverständliche häusliche Verrichtungen auf den Bauernhöfen. Es waren keine ausgesprochen weibliche Arbeiten, sondern das Spinnen, Färben und Weben wurde, der Jahreszeit entsprechend, von allen Familienmitgliedern verrichtet.
Nach der Erfindung der chemischen Farben, Mitte des vorigen Jahrhunderts, wurden immer weniger Naturfarben benutzt, da das Färben mit den fertigen Chemiefarben so viel einfacher war. Dadurch gingen Kenntnisse über Herstellung und Verwendung der Naturfarben fast verloren. Glücklicherweise wurden in den skandinavischen Ländern, sowie in Schottland und Irland die Überlieferungen noch gepflegt, und das Wissen um die natürlichen Farben ist in bescheidenem Maße erhalten geblieben. Von dort aus begann die Erneuerung der Naturfärberei. Aber auch in unseren ländlichen Gebieten leben noch ältere Menschen, die sich auf alte Pflanzenrezepte besinnen können. Manchmal hat man sogar das Glück, alte Kochbücher mit handgeschriebenen Farbrezepten zu finden.

Für den Handweber, den freien Textilgestalter, aber ganz besonders für den Gobelinweber ist das Wissen um die alten Färbetechniken unerläßlich, wenn er zu besonders intensiven und echten Farbtönen gelangen will.

Beim Färben mit natürlichen Farbstoffen gewinnen wir Einblicke in das Naturgeschehen, dem wir oft schon entfremdet sind. Wir erleben wieder bewußt den Jahreskreislauf und vertiefen unsere Kenntnisse über Standort, Blüte und Reife der Pflanzen. Beim Pflanzensammeln müssen wir lernen, wann die einzelnen Pflanzen wachsen und blühen und welche Pflanzenteile uns die Farbe geben.

Die Farben, die wir zum Färben gewinnen möchten, sind dem Auge oft verborgen. Nur selten findet man die Färbekraft in den bunten Blüten. Nicht das leuchtende Rot der Nelkenblüten gibt intensive rote Farbe, sondern die tief in der Erde verborgenen Wurzeln des Labkrautes, die Beeren des Kermesstrauches und die getrockneten Schild- und Kermesläuse schenken uns wunderbare warme Rottöne.

Einen gelben Farbton erhalten wir von fast allen Pflanzen, und man ist vielleicht zuerst ein wenig enttäuscht, wenn bei den vielen Versuchen immer wieder gelbe Farben zum Vorschein kommen. Doch die Gelbskala ist so groß und verschiedenartig, daß der Reichtum der Farbpalette beinahe unerschöpflich scheint.

Als einzige europäische Pflanze liefert der Färberwaid – Isatis tinctoria – den Farbstoff für alle echten Blaufärbungen. Da aber der Indigofarn – Indigofera – ein sehr viel reineres und lichtechteres Blau ergibt, wird heute in der Naturfärberei fast ausschließlich mit dem aus Indien importierten und bereits sehr schwer erhältlichen und teuren Indigo gearbeitet. Einige aus nördlichen Landschaften stammenden Pflanzen und Beeren geben ebenfalls blaue bzw. blaugraue Farbtöne ab. Leider sind aber alle nicht farbecht. Es lohnt sich zwar, Versuche mit Brombeeren, Blaubeeren, Krähenbeeren, Ligusterbeeren und Schlehen zu machen, doch die Veränderungen ins Grau-Stumpfe sind im Laufe der Zeit unvermeidlich, selbst wenn die fertige Arbeit nicht der Sonne ausgesetzt wird.

Außer den drei Grundfarben Rot, Gelb und Blau, mit denen man durch Mischen jeden gewünschten Farbton erzielen kann, finden wir beim Pflanzenfärben in dem natürlichen Farbkreis mannigfaltige Variationen an Grün, Grüngelb, Grüngrau, Gold, Gelborange, Beige, Braun, Grau und Lila. Reines Grün sollte aus Gelb und Blau gemischt werden, Orange aus Rot und Gelb, Violett aus Rot und Blau, sowie Schwarz aus Braun und Blau.

Wer mit Naturfarben arbeitet, wird sich unwillkürlich eine gezielte, treffende Bezeichnung der Farben angewöhnen. Er wird nicht mehr nur von Gelb, Rot oder Grün sprechen, sondern die Farben sehr genau mit Birkengelb, Krapprot, Moosgrün oder Walnußbraun beschreiben.
Schon diese kurzen Hinweise lassen erkennen, welche Möglichkeiten und Erfahrungen das Färben mit den natürlichen Farbstoffen bietet. Um wirklich dauerhafte, farbechte Farben zu erhalten, ist es wichtig, die Regeln für das Färben mit Naturfarben zu kennen und zu beachten.

Das Einrichten einer Färbeküche

Zwanzig Jahre lang habe ich für meine Handweberei in einer normalen Haushaltsküche gefärbt und im Badezimmer gespült und getrocknet. Sogar mit Schülern wurde in den ersten Jahren in diesem bescheidenen Rahmen gearbeitet. Die für das Färben benötigten verschiedenen Utensilien muß man sich speziell dafür anschaffen oder aus einem zu groß gewordenen Haushalt abzweigen, denn die einmal zum Färben benützten Geräte dürfen anderweitig nicht wieder gebraucht werden.

Ein Schrank oder ein großes Bord sollten ausschließlich der Färberei vorbehalten sein. Der Inhalt muß möglichst für Kinderhände unerreichbar bleiben, da verschiedene zum Färben benötigte Salze und Mineralien giftig sind.
Das wichtigste Gerät zum Färben ist ein großer Kessel. Wecktöpfe aus Emaille mit einem Fassungsvermögen von 20 l sind für den Anfang völlig ausreichend. Der emaillierte Wecktopf hat den Vorteil, daß er einen genau passenden Deckel mit einem Loch für das Thermometer hat, welches bei jedem Färbevorgang benötigt wird. Eine gute Kochmöglichkeit dürfte in jedem Haushalt vorhanden sein.
Plastikeimer, Wannen und Schüsseln aus dem Haushalt können, gut gereinigt, für die Färberei benutzt werden. Unerläßlich sind Gummihandschuhe, da Salze und Farben die Hände sehr angreifen. Außerdem sind je eine Küchen- und Briefwaage notwendig.
Zur Färbekücheneinrichtung gehört weiterhin ein alter Porzellanmilchtopf zum Auflösen der Metallsalze in kochendem Wasser. Dieser Topf darf auf keinen Fall wieder im Haushalt benutzt werden, da geringe Rückstände der giftigen Salze zurückbleiben können. Ferner benötigt man 2 Besenstiele zum Aufhängen der feuchten Woll-Lagen, 1–2 alte Mullwindeln zum Abseihen der Farbbä-

der und Abbinden der Mullsäckchen, 1 Eßlöffel, 1 Teelöffel, beides am besten aus Stahl, 2 große Holzlöffel und einen, über den Farbkessel passenden, runden Stab zum Umziehen der Woll-Lagen im Farbbad, evtl. 1 Mörser zum Pulverisieren der Cochenille und Kermesläuse. Scheren, Band, Plastiktüten und alte Leinentücher sind wohl in jedem Haushalt zur Hand. Papier und Kugelschreiber sollten zum Beschriften der fertigen Arbeiten griffbereit liegen.

Mit dieser Ausrüstung:
1 Färbekessel mit Thermometer
Plastikeimer, -schüsseln, -wannen
1 Paar Gummihandschuhe
1 Küchenwaage
1 Briefwaage
1 Porzellanmilchtopf, 1/2 l
2 Besenstiele
2 Mullwindeln
1 Eßlöffel
1 Teelöffel
2 große Holzlöffel
1 Umziehstock
1 Mörser
kann mit dem Färben begonnen werden.
Zur Bereitung der Indigo-Küpe braucht man noch zusätzlich folgende Gerätschaften:
1 Porzellan- oder Emaillegefäß, ca. 15–20 l als Einsatz in den Färbekessel
1–2 dicke, durchsichtige Glasflaschen mit Deckel
1 gläsernen Rührstab
1 Glasmeßbecher mit Kubikmetereinteilung
Damit dürfte die Färbeküche für den Hausgebrauch komplett sein.
Wichtig ist, daß der Färbekessel immer wieder gründlich gereinigt wird, damit man keine fleckige Wolle beim Färben erhält. Im Laufe der Jahre wird ein Emaillekessel leichte Sprünge im Emaille bekommen. Er ist dann zum Färben nicht mehr geeignet, leistet aber zum Beizen oder Bereiten des Farbsudes noch gute Dienste.
Sobald das Färben in größerem Ausmaß stattfindet und einen Handweber so beschäftigt, daß mehrere Färbungen in der Woche durchgeführt werden, ist der Erwerb eines weiten Stahlkessels mit 30–40 l Fassungsvermögen not-

wendig. Er muß groß und geräumig genug sein, um die Wolle bei manchen Färbungen an Stöcken hängend umziehen und auch ein Küpengefäß einhängen zu können. Ein Stahlkessel ist völlig unempfindlich gegen Säuren und Metalle und läßt sich spielend leicht reinigen. Leider ist er sehr kostspielig, doch bei stetigem Gebrauch lohnt sich diese Anschaffung.
Bei Färbungen in großem Umfange empfiehlt sich weiterhin die Anschaffung je eines Kupfer- und Eisenkessels. Beide Kessel sind sehr teuer, schwer zu bekommen und brauchen unendlich viel Pflege. Bei bestimmten Pflanzen werden die Färbungen durch die Verbindung mit Kupfer und Eisen aber besonders schön.
Wenn in diesem Buch Rezepte zur Färbung im Kupfer- oder Eisenkessel beschrieben sind, aber keiner vorhanden ist, kann man sich wie folgt helfen: Für Färbungen im Kupferkessel sammelt man eine Handvoll Kupferpfennige und kocht sie im Farbbad mit. Für Färbungen im Eisenkessel läßt man sich vom Schlosser einige 2 cm breite Streifen von einem Eisenrohr abschneiden, die ins Farbbad in den Kessel gelegt werden.

Das Material

Als Anfänger färbt man am besten erst auf Wolle. Reine Schafwolle, ob gesponnen oder ungesponnen, nimmt die Farben am sichersten und dauerhaftesten an.
Da die Leser in den verschiedensten Wohngebieten leben, wird das Beschaffen des Wollmaterials häufig einige Schwierigkeiten bereiten. Wenn keine eigenen Schafe gehalten werden, ist der feste Kontakt zu einem Schäfer oder Schafhalter zum Vorteil. In Schleswig-Holstein z. B. grasen noch immer an den Deichen viele tausend Schafe der verschiedensten Rassen. Mit etwas Geduld findet man sicher einen Schäfer, der bereit ist, ein Vlies oder auch größere Mengen Schafwolle zur Scherzeit abzugeben.
Die verschiedenen Schafrassen geben sehr unterschiedliche Wolle. Feine Wolle nimmt die Farbe intensiver auf, grobe Wolle braucht mehr Farbe und eine längere Färbezeit. Oft werden grobe, kräftige Wollen benötigt, um die Strukturen einer textilen Arbeit vorteilhaft herauszubringen. Dafür ist die Wolle der Heidschnucken sehr geeignet, die man leicht bei den Bauern in der Lüneburger Heide bekommt. Die Wolle der Texelschafe ist fast in ganz Deutschland bei den Schafhaltern erhältlich. Sie ist grobhaarig, aber bemerkenswert hell und eignet sich daher vorzüglich für das Färben von leuchtenden Farben. Im nörd-

lichen Raum ist die Wolle des norddeutschen Milchschafes leicht zu erwerben. Langstapelig und weich ist sie für das Färben mit Naturfarben besonders gut geeignet. Die Wolle von den Schafen an den Nordseedeichen, wo noch nicht so starke Verschmutzungen auftreten, ist besonders zu empfehlen. Es gibt außerdem eine große Anzahl der unterschiedlichsten importierten Wollen. Hier seien nur die bekanntesten erwähnt:
Merino-, Crossbred-, Neuseeland-, Island- und Lamawolle sowie Kamelhaar und Mohair.
Alle diese Wollen und Haare lassen sich gut mit der Hand spinnen und mit Naturfarben färben. Jede hat ihre ganz besondere Eigenart, und man sollte sich bei der Planung einer Textilarbeit gut überlegen, welche Wollart man verarbeiten will.

Betrachten wir einmal ein Wollvlies, d.h. ein im Zusammenhang vom Schaf abgeschorenes Wollkleid, um die Sortierung der Wolle vor dem Färben oder Spinnen zu lernen. Man unterscheidet hierbei Rücken-, Bauch-, Flanken- und Klattenwolle.
Die Rückenwolle ist die beste, sie ist makellos, langstapelig und so sauber, daß sie ohne Vorwäsche im Schweiß zu sehr feinen Fäden gesponnen werden kann.
Die Flanken- und Bauchwolle eignet sich ebenfalls gut zum Spinnen und Färben. Sie muß aber, um die Verschmutzung zu lösen, einen Tag lang in Wasser geweicht werden. Da wir den Schweiß zum Spinnen behalten wollen, dürfen hierbei keine Waschmittel benutzt werden. Die Wolle wird nur in weichem Wasser auseinandergezogen, 24 Stunden lang darin liegengelassen, dann ausgedrückt und in Mulltüchern in kleinen Bündeln auf die Leine zum schnellen Trocknen gehängt.
Die Klattenwolle von Gesäß, Beinen und Kopf ist meistens stark verschmutzt, kurzstapelig und für das Handspinnen und Färben ungeeignet. Man kann sie in Seife waschen, kratzen und zum Füllen von Kissen und Decken verwenden.
Beim Einkauf von Schafwolle muß man darauf achten, daß man Wolle von lebenden Schafen bekommt. Die „Sterblingswolle“ ist stumpf, spröde und für das Naturfärben untauglich. Am besten eignet sich dafür die Jährlingswolle, d.h. Wolle von Schafen, die zum ersten Mal geschoren wurden.
Man sollte beim Wollkauf nicht vergessen, naturbraune Wolle mitzukaufen. In der Indigoküpe gefärbt gibt diese wunderbare schwarze Töne. Wohl jeder Schäfer wird beim Kauf helfen und beraten, wenn er das handwerkliche Interesse des Wollkäufers erkennt.

Beim Wolleinkauf im Großhandel ist eine gewisse Vorsicht geboten. Im allgemeinen ist die Wolle vollkommen chemisch gereinigt und in diesem Zustand zum Handspinnen nicht mehr geeignet. Das natürliche Fett läßt sich schwer ersetzen. Häufig werden auch schlechte Sortierungen abgegeben. Es empfiehlt sich, zur Begutachtung immer erst eine Handprobe zu bestellen.

Gut geeignet zum Handspinnen sind aus mechanischen Webereien angebotene sogenannte Krempelbänder aus 100 % reiner Wolle. Krempelbänder sind zum mechanischen Spinnen vorbereitete Wolle, die bereits gereinigt und mit einem Spinnfett versehen ist. Das Auswaschen des Spinnfettes ist allerdings mühsamer als das Auswaschen des natürlichen Wollschweißes.

Der Anfänger sollte zuerst Wolle im Strang färben. Nach einiger Übung wird man dann gern ungesponnene Wolle färben, weil sich mit der gefärbten Vlieswolle wunderbare Effektgarne herstellen lassen.

Doch für erste Färbübungen sollte man Rückenwolle aus dem Schweiß spinnen. Man braucht die Wolle nur ein wenig zu zupfen und zu egalisieren, d. h. in eine Richtung zu streichen, dann entsteht mit einiger Übung der feinste Faden. Flankenwolle braucht man nur zu kratzen und zu einem etwas gröberen Faden zu verspinnen. Man kann die Flankenwolle doublieren, gröbere Effektgarne einfädig lassen und auf Lagen haspeln. Es empfiehlt sich nicht, Lagen über 100g zu bereiten, da bei größeren Lagen ein gutes Durchfärben nicht gewährleistet ist. Nachdem die Lagen viermal locker abgebunden wurden, sind sie fertig zum Waschen, Beizen und Färben. Vlies- oder Strangwolle kann man beim Beizen oder Färben ohne weiteres kochen, da die Veränderungen in der Zellstruktur das Material nur wenig angreifen. Im verarbeiteten Zustand, wie gestrickt oder gewebt, sollte man die Wolle nur kochen, wenn ein gerauhtes oder gefilztes Produkt gewünscht wird, da die Wollfasern an den Kreuzungs- oder Schlingungspunkten eines fertigen Gewebes eine feste Verbindung miteinander eingehen.

Reine Seide läßt sich im allgemeinen fast genau wie Wolle färben. Da sie auch aus einer tierischen Faser besteht, ist sie der Zellstruktur der Wolle sehr ähnlich. Seide verträgt nur den Kochprozeß schlecht. Alle Wasch-, Beiz- und Färbvorgänge sollten bei Seide unter dem Kochpunkt, also nur bei ca. 70–75 Grad Celsius liegen. In einigen deutschen Seidenspinnereien ist es möglich, auf Anfrage ungesponnene Bouretteseide zu bekommen. Dies ist die äußere Hülle des Seidenkokons, die sich beim Abhaspeln des Seidenfadens nicht mehr haspeln läßt. Man kann die Bouretteseide auf den gebräuchlichen Spinn-

rädern zu schönen Effektgarnen verspinnen. Naturseide erkennt man an ihrem beigen oder grauen Schimmer.
Baumwolle ist von den pflanzlichen Fasern die angenehmste in der Naturfärberei. Da sie sich in ihrer Struktur von der Wolle unterscheidet, braucht sie eine andere Behandlung beim Waschen und Beizen. Sie verträgt sehr gut kochende Farbvorgänge. Einige Naturfarben, z. B. Nußschalen, eignen sich nicht zum Färben auf Baumwolle, dafür nimmt Baumwolle besonders gut Katechu – einen Extrakt aus dem Kernholz der indischen Katechuakazie – auf.
Andere Pflanzenfasern, wie Leinen, Hanf, Sisal, lassen sich ebenfalls mit Pflanzenfarben färben und erhalten oft sehr schöne Farbtöne. Es ist nur mühsamer, die störrischen Fasern aufnahmebereit für die Farben zu machen.
Ungesponnenes Leinen zu erhalten, ist kaum noch möglich. Doch die im Handel erhältlichen reinen Leinengarne lassen sich bei Halbbleiche sehr gut färben.

Das Waschen

Bevor die einzelnen Waschvorgänge erläutert werden, zunächst ein Wort zum Wasser. Für alle Wasch- und Färbvorgänge ist die Beschaffenheit des Wassers von großer Wichtigkeit. Am geeignetsten ist weiches Fluß- oder Seewasser. Aber wo gibt es heute noch unverschmutzte Gewässer? Es wäre daher ideal, selber Regenwasser zu sammeln. Doch das ist im Stadthaushalt leider kaum möglich. Man muß sich also mit dem vorhandenen Leitungswasser begnügen und es auf seinen Härtegrad prüfen. Um zu einem guten Färbeergebnis mit weichem Wasser zu kommen, ist es oft unerläßlich, sich einen kleinen Wasserenthärter anzuschaffen. Dieses Filtergerät, durch welches das Wasser gereinigt und enthärtet wird, schraubt man an den Wasserhahn. Der Filtereinsatz muß gelegentlich erneuert werden.
Gewaschen wird das Färbegut grundsätzlich nur mit natürlicher Seife, d.h. Grüner Seife, Kernseife und Seifenflocken. Chemische Seifen und Seifenpulver entziehen der Wolle zuviel natürliches Fett, die Farben verlieren dadurch ihre Leuchtkraft, und es bleibt oft ein grauer Schleier auf den Farben zurück. Für alle Wasch- und Färbvorgänge muß immer reichlich Wasser genommen werden. Man merke sich: Wolle mag schwimmen! Die Wolle sollte stets trokken gewogen werden. Bei Schweißwolle muß man durch die Wollwäsche einen Gewichtsverlust von 30–40 % einkalkulieren.

Wollwäsche im Strang:

500 g Wolle
8 l Wasser
2 EL Grüne Seife
Die Seife in einem Eimer schaumig schlagen bis sie aufgelöst ist, die Wolle Strang für Strang durch die Seifenlauge ziehen, gründlich spülen.

Wollwäsche im Vlies:

500 g Wolle
12 l Wasser
2 EL Grüne Seife
Die schaumiggeschlagene Seife in eine weite Wanne geben, die Wolle hineinlegen und auseinanderziehen, nicht reiben oder drücken, sondern das Wasser bewegen, gründlich spülen.

Baumwollwäsche:

Nur im Garn waschen und färben.
500 g Baumwollgarn
8 l Wasser
4 EL Grüne Seife
Das Garn in der Seifenlösung 2 Stunden kochen, in der Lauge 24 Stunden stehen lassen, dann gründlich spülen.

Waschen von reiner Seide:

500 g Seidengarn
8 l Wasser
250 g Grüne Seife
Die Seifenlösung auf 70 Grad erwärmen, bei dieser Temperatur die Seide darin 1 Stunde ziehen lassen, in der Seifenlösung auskühlen lassen, gut spülen.

Waschen von Leinen, Hanf, Sisal:

500 g Garn
8 l Wasser
100 g Grüne Seife
50 g reines Soda

Das Garn 2 Stunden in dieser Lösung kochen, über Nacht darin stehen lassen, dann gründlich spülen.
Das gewaschene Material sogleich an einem schattigen, luftigen Platz trocknen. Die Lagen werden über Stöcke aufgehängt, Rohwolle wird auf Tüchern ausgebreitet. Manche Färber zentrifugieren die Wolle. Beim Material im Strang ist davon abzuraten, da die Wolle dabei leicht verfilzt. Ungesponnene Wolle kann man in Mullwindeln binden und leicht schleudern.

Das Beizen

Die wenigsten Naturfarben dringen unmittelbar so tief in die Faser ein, daß eine wasch- und lichtechte Färbung entsteht. Deshalb muß vor dem Färben mit natürlichen Farbstoffen das zu färbende Material erst für das Farbbad vorbereitet werden. Richtig gebeizt ist halb gefärbt!
Was bedeutet der Beizvorgang für das Färben?
Das Beizen ist ein chemischer Vorgang. Die Beizmittel sind saure, leichtlösliche Metall- oder Mineralsalze. In den Laugebädern trennt sich das Metall von der Säure, wird von der Faser aufgenommen und geht mit der Farbe zusammen eine feste Verbindung ein. Gerade diese Vorgänge lassen den großen Unterschied zwischen Chemiefärbung und Naturfärbung erkennen. Bei der natürlichen Färbung entsteht eine vollkommene, innige Verbindung zwischen Farbe und Faser, während Chemiefarben auf der Faser liegen. Nur wenige Pflanzen, z.B. grüne Nußschalen, Flechten und einige Baumrinden haben soviel Gerbsäure, daß sich der Beizvorgang erübrigt.

Beiz- und Färbehilfsmittel

1. *mineralisch – metallisch*
   Alaun – Kalium aluminiumsulfat
   Chromkali – Kalium dichronicum
   Eisensalz – Ferrum sulforicum
   Grünspan – (basisch) essigsaures Kupferoxyd
   Kupfersalz – Cuprum sulforicum
   Pottasche – Kalium carbonicum
   Salmiakgeist – Ammoniak 25 % – Ammoniumhydroxid
   Salpetersäure – Acidum nitricum
   Seesalz – Natriumchlorid

Weinsteinrahm – Tatarus deporatus
Weinsteinsäure – Cristalus tatari
Zinnsalz – Zinnchlorid

2. *vegetabilisch*

Bärlapp – Lycopodium selago – alaunhaltig
Birkenasche – stark kaliumhaltig
Gallapfelpulver – stark gerbsäurehaltig
Sauerampfer – Rumex acetosa – oxalsäurehaltig
Sternniere – Stellaria media – kalihaltig
Wein- und Apfelessig
Weizenkleie

3. *sonstige Hilfsmittel*

Hydrosulfitpulver
Kalk
Perlleim
Phenophthalein
Rauchende Schwefelsäure – Vitriolöl
Urin vom Menschen

Wirkung der Beiz- und Hilfsmittel beim Beizen und Nuancieren

Alaun – intensiviert die Farben
Ammoniak – gibt volle Goldtöne
Birkenasche – wie Pottasche
Chromkali – zieht Farben kräftig an, intensiviert
Eisensalz – dunkelt oft mit Wirkung in Grün oder Oliv
Gallapfel – hat beizende Wirkung, dunkelt Farben sehr stark
Grünspan – grünt gelbe Laubbäder
Hydrosulfitpulver – zur Herstellung der Hydrosulfit-Küpe
Kupfersalz – bräunt beim Beizen, gibt leichte Bronze- und Goldtöne, manchmal Grüntöne.
Perlleim – zur Herstellung der Hydrosulfitküpe
Phenolphthalein – Säureanzeiger
Pottasche – vertieft die Farben und macht sie lebhafter, gibt Gold- und Rosttöne

Rauchende Schwefelsäure – erschließt die blaue Farbe bei der Herstellung der Indigo-Paste
Reines Soda – weicht Rindenbäder
Salpetersäure – entwickelt Violett bei Cochenille
Sauerampfer – hellt graurote Tönungen auf.
Seesalz – intensiviert graue und gebrochene Töne
Sternniere – dunkelt Blaubäder
Urin von Menschen – für die Gärungsprozesse bei der Indigo-Küpenfärbung und bei Flechtenpräparaten
Wein- und Apfelessig – wie Weinsteinsäure
Weinsteinrahm – vertieft die Farbe und hält das Material weich
Weinsteinsäure – intensiviert Lila und Rot
Weizenkleie – reinigt, vor allem rötliche Bäder von Labkraut und Krapp
Zinnsalz – hellt auf, zieht Farben kräftig an

Der Beizvorgang

Beim Beizen unterscheiden wir 3 Methoden:
Die Direktbeize, die Vorbeize und das Nuancieren.

Die Direktbeize

Hierbei gibt man das Beizmittel direkt ins Färbbad und färbt die Wolle nach Vorschrift.

Die Vorbeize

Einen weitaus größeren Raum nimmt die Vorbeize ein, die deshalb ausführlicher besprochen wird.

Alaunbeize auf Wolle und Seide

Falls im Rezept nicht anders angegeben, wird die gewaschene Wolle vor dem Färben in einem Wasserbad, dem Alaun zugesetzt wurde, sanft, ohne zu rühren, gekocht. Die Beizbäder müssen so vorbereitet sein, daß sich die Beizmittel mit der zum Beizen nötigen Menge Wasser vollkommen vermischt haben. Man benötigt für 500 g Beizgut ca. 12–15 l Wasser.

Die saubere, feuchte Wolle wird locker in das Beizbad gelegt und das Bad langsam zum Siedepunkt getrieben. Dann wird die Wolle je nach Rezept sanft gekocht, wobei die Mengen und Zeitangaben der einzelnen Rezepte unbedingt einzuhalten sind. Nach der entsprechenden Kochzeit nimmt man das Beizbad vom Feuer, läßt die Wolle darin auf 40 Grad auskühlen, nimmt sie dann heraus und drückt sie gut aus.
Bei manchen Rezepten wird die Wolle anschließend gleich in den Färbesud gegeben, verschiedentlich soll sie aber einige Tage feucht lagern. Dazu taucht man ein altes Leinentuch in das Beizbad, windet es aus, legt die ausgedrückte Wolle in das Tuch und schlägt sie gut darin ein. Am besten wird das Beizgut in einer Plastikschüssel im kühlen Keller aufbewahrt, täglich einmal gewendet und vor dem Färben einmal durchgespült.
Seide kann wie Wolle gebeizt werden, aber immer nur bei einer Temperatur unter 70 Grad, da die Seide sonst brüchig wird und ihren Glanz verliert.

Kupfer- und Chromkalibeizen

werden genau wie die Alaunbeize zubereitet: Wasserbad bereiten, Beizmittel zusetzen, gut verrühren, Wolle einlegen und zum Kochen bringen. Einzelheiten sind den jeweiligen Rezepten zu entnehmen.
Nur gut gebeizte Wolle bekommt die volle Leuchtkraft und ist licht-, wasch- und reibecht.

Alaunbeize auf Baumwolle und Leinen

Für Baumwolle:

125 g Alaun und 32 g reines Soda werden im Wasser gelöst, 500 g Baumwollgarn hineingelegt und 1 Stunde sprudelnd gekocht. Die Baumwolle über Nacht zum Auskühlen im Beizbad lassen und 3 Tage feucht lagern.

Für Leinen:

250 g Alaun und 50 g reines Soda lösen, 500 g Leinen.
Beizvorgang wie bei Baumwolle.

Vorbeize für harte Fasern

Einige Farben verbinden sich sehr schwer mit der Faser. Für härtere Fasern, z.B. Leinen, Baumwolle, Sisal und Hanf benötigen wir daher eine besondere

Beize, um sie für die Aufnahme bestimmter Farben vorzubereiten. Dieser Beizvorgang dauert 3 Tage:

1. Tag:
125 g Alaun und 65 g reines Soda gut im Wasser verrühren, das Beizgut hineinlegen, 1 Stunde sprudelnd kochen, im Beizbad bis zum nächsten Tag liegenlassen.
2. Tag:
150 g Gallapfelpulver für Baumwollgarn (bei Leinen 300 g, bei Sisal und Hanf 350 g)
Das zu beizende Material aus dem Wasser nehmen und gut spülen. Die nötige Menge Gallapfelpulver in einem neuen Wasserbad gut verrühren, das Beizgut in diesem Wasser 1 Stunde gut kochen und darin liegenlassen.
3. Tag:
125 g Alaun und 35 g reines Soda in einem neuen Wasserbad anrühren, das gut gespülte Beizgut darin wieder 1 Stunde sprudelnd kochen und im Wasser liegenlassen.
4. Tag:
Das Material einmal durchspülen und dann im Farbbad färben.
Auf diese Weise kann man grobes und dickes Material für besondere Arbeiten zur Aufnahme der Pflanzenfarben vorbereiten.
Merke: Beizbäder nur einmal verwenden, die Kraft der beizenden Mineralien und Metalle ist nach einmaligem Gebrauch erschöpft.

Das Nuancieren

Durch unterschiedlich angesetzte Beiz- und Farbbäder kann man aus manchen Pflanzen verschiedene Farbnuancen gewinnen. Es lohnt sich bei fast allen gelbfärbenden Pflanzen nach einer Alaun-Vorbeize die sogenannten Entwicklungsbeizen mit Eisensalz, Kupfersalz oder Chromkali zu versuchen. Genauere Angaben über das Nuancieren sind den jeweiligen Rezepten zu entnehmen. Die Salze werden in wenig kochendem Wasser in einem Porzellangefäß gelöst, und diese Lösung wird dem Farbbad zugesetzt, nachdem die Wolle aus dem Bad genommen worden ist. Der Farbsud wird dann gut umgerührt, man läßt ihn etwas abkühlen, legt die Wolle wieder hinein und läßt sie sanft kochend färben. Wolle, die mit Metallsalzen behandelt wurde, muß nach dem Farbvorgang immer in einem frischen Seifanbad gewaschen werden.

Das Färben

Beschreibung der verschiedenen Arbeitsvorgänge beim Färben

Allgemeines:

Als Grundregel für das Verhältnis Wasser : Wolle beim Färben und Beizen gilt:
1000 g Wolle: 16–20 l Wasser
500 g Wolle: 12–15 l Wasser
250 g Wolle: 8–12 l Wasser.
Mit Mengen unter 250 g Material lohnt sich ein Färbvorgang nicht. Fast alle Rezepte in diesem Buch sind für 500 g Wolle berechnet, man braucht die Rezeptangaben bei größeren oder kleineren Mengen nur entsprechend zu verdoppeln oder zu verringern.

Das Farbbad sorgfältig nach den in den Rezepten angegebenen Einzelvorschriften bereiten. Bei einigen Rezepten einen Farbextrakt mit wenig Wasser anrühren, der vor Beginn des Färbens mit der entsprechenden Menge Wasser zum Farbbad aufgefüllt wird.

Die Farbbäder nach dem Auskochen der einzelnen Pflanzenteile sorgfältig abseihen. Dafür eignen sich sehr gut Mullwindeln. Für ein besonders gründlich gefiltertes Farbbad legt man zwischen zwei Windeln eine Lage Küchenpapier. Auf diese Weise wird auch der Urin für die Urinküpe gefiltert.

Färbungen ohne Beize:

In das vorbereitete Farbbad, bei 40 Grad Temperatur, das ungebeizte Material einlegen oder einhängen. Färbt man auf Lagen, kann man das Material an Stöcken in das Farbbad hängen. Die Lagen werden hierbei nach Vorschrift auf den Stöcken umgezogen und getaucht und somit bewegt, ohne die Wolle zu verfilzen. Bei sehr aktiven Farbbädern erreicht man auf diese Weise eine gleichmäßige Färbung. Langsam bei gleichmäßig steigender Temperatur das Farbbad zum Kochen bringen. Der Kochpunkt beim Färben von Wolle ist erreicht, wenn das Farbbad Blasen zieht. Die Wolle dann sanft kochend färben, Baumwolle, Leinen, Sisal und Hanf können sprudelnd kochen, Seide darf nur bei 60–70 Grad ziehen. Nach den Einzelvorschriften die entsprechenden Zeiten genau einhalten.

Färbungen mit Direktbeize

In das vorbereitete Farbbad das im Rezept angegebene Beizmaterial geben, gut verrühren und auf 40 Grad erwärmen. Das Färbegut einlegen oder einhängen, langsam auf die gewünschte Temperatur bringen und nach Rezept färben.

Färbungen mit Vorbeize

In das vorbereitete, auf 40 Grad erwärmte Farbbad das nach Einzelrezept gebeizte Färbegut einlegen oder einhängen. Langsam auf die gewünschte Färbetemperatur bringen und nach Rezept färben.

Färbungen mit nachfolgender Entwicklung

Das nach einem der vorhergehenden Vorschriften gefärbte Material aus dem Farbbad nehmen und zur Seite legen. Die in den Rezepten angegebenen Mengen Salz sind mit wenig kochendem Wasser zu lösen und dem Farbbad zuzugeben. Nur Zinnsalz kann gleich eingestreut werden und braucht nicht vorher in Wasser gelöst zu werden. Man rührt das Entwicklungsbad gut um und läßt es auf 50 Grad abkühlen. Dann das Material wieder einlegen, noch einmal zum Siedepunkt bringen und ca. 1/2 Stunde weiterfärben.

Färbungen mit Säurezusatz

Dem Farbbad werden bei 40 Grad Temperatur die im Rezept angegebenen Säuren wie Essig, Weinstein- oder Oxalsäure zugegeben.

Kaltfärbungen

Einige Naturfärbestoffe, besonders die grünen Walnußschalen, geben bei Kaltfärbung eine dauerhafte Farbe ab. Siehe Rezeptteil.

Stufenfärbungen

Um die Tiefe und Lichtechtheit einiger Farben zu verbessern, kann man, wie z.B. bei Wau oder Brasilholz, die Stufenfärbung anwenden. Dabei wird das Färbegut nach 1/2 Stunde Färbezeit aus dem Farbbad genommen und ohne zu spülen an die Luft gehängt. Nach 30 Minuten wird das Material wieder hereingeholt und in demselben Farbbad eine weitere 1/2 Stunde gefärbt. Diesen Vorgang kann man mehrere Male wiederholen, bis der gewünschte Farbton erreicht ist.

Nachbehandlung des Materials nach den einzelnen Farbvorgängen

Im allgemeinen wird nach dem Farbvorgang das Färbegut so lange gespült, bis keinerlei Farbrückstände mehr im Spülwasser sind. Man beginnt das Spülen mit warmen Wasser und mindert nach und nach die Temperatur, damit die Wolle weich bleibt und ihren Glanz behält.

Hat man mit Metallsalzen gearbeitet, wird immer nach dem ersten Spülvorgang mit Seifenwasser gewaschen und dann klargespült. Bei gesponnener Wolle kann man zu dieser Wäsche ein Feinwaschmittel benutzen. Wird dagegen Wolle im Vlies gefärbt, nur mit natürlicher Seife waschen, die Wolle spinnt sich dann leichter. Für besonders gutes Spinnen kann man Vlieswolle nach dem Färben folgendermaßen behandeln: 1 Tasse Weinessig und 1 Eßlöffel reines Olivenöl werden, gut vermischt, dem letzten Spülbad beigegeben. Das Öl legt sich dabei wie ein Film auf die Wolle. Nach ca. 10 Minuten die Wolle herausnehmen, ausdrücken und trocknen.

Trocknen des Materials

Die ideale Möglichkeit zum Trocknen ist ein schattiger, luftiger Platz im Freien. Doch ebenso gut können die Lagen auf Stöcken hängend oder die Vlieswolle in Mulltücher locker gebunden in warmen Räumen zum Trocknen aufgehängt werden.

Echtheitsprüfung

Wichtig ist es, vor Beginn einer wertvollen Textilarbeit das gefärbte Garn auf seine Farbbeständigkeit zu prüfen. Dafür hängt man eine kleine Probe an die Sonne, eine andere ins schattige Tageslicht, eine dritte wird im Dunkeln aufbewahrt. Nach 6 Tagen und nach weiteren 4 Wochen kann man die Proben miteinander vergleichen. Der Unterschied zwischen dem besonnten und dem schattig aufbewahrten Material gibt Auskunft über die Lichtechtheit der betreffenden Farben.

Lagern der gefärbten Garne

Ein Vorrat von gefärbten Garnen kann dem Handweber Anregungen für neue Arbeiten geben. Pflanzengefärbte gesponnene Wolle soll möglichst in Strängen in gut gelüfteten Räumen hängen. Ungesponnene Wolle, gut getrocknet, bewahrt man luftig in Leinenbeuteln auf. Gefärbte Stoffe sind vor Staub und

Motten in Plastikbeuteln zu schützen. In den Wollkammern sollten stets Wermutsträußchen hängen, damit sich keine Motten einnisten.

Als sinnvoll und praktisch wird sich eine Zusammenstellung der eigenen erprobten Rezepte erweisen.

Dem Hobby-Färber sei empfohlen, ein kleines Färbetagebuch zu führen, in dem er sich die Rezepte notiert. Diese Rezepte werden numeriert und die fertigen Lagen mit den gleichen Nummern versehen. So kann man jederzeit, an Hand der Nummern, feststellen, wie der einzelne Färbegang verlief.

Im Handwebereibetrieb ist es dagegen praktischer, eine Kartei zu führen. Auf den Karteikarten werden alle Angaben der Farbvorgänge genau eingetragen und von jeder Färbung eine Probe an die Karte geheftet. Man kann später mit einem Blick feststellen, wie die Färbungen und Nachfärbungen geraten sind.

Die Färbepflanzen

Die Hinwendung und Beziehung zu den Färbepflanzen bedeutet auch eine Vertiefung des persönlichen Naturerlebnisses. Immer wieder wird man auf Pflanzen stoßen, die uns zur Erprobung als Färbepflanze verlocken. Man sollte daher möglichst die Verbindung mit der Natur, welche sich durch das Pflanzensammeln ergibt, nicht schmälern, indem man sich Pflanzen und Tees in Kräuterläden kauft. Wir erhalten sie dort getrocknet und zerkleinert, aber im Gegensatz zu den selbst gesammelten Pflanzen sind und bleiben sie für uns beziehungslos, so daß später auch unsere Arbeiten eine gewisse Beziehungslosigkeit aufweisen können.

Wir müssen erkennen lernen, wann die Säfte steigen und wann Blätter und Triebe so entwickelt sind, daß sie ihre beste Färbekraft entfalten. Viele Pflanzen die wir aus Färbebüchern nur dem Namen nach kennen, wachsen häufig in unserer unmittelbaren Umgebung. Darum ist ein gutes Bestimmungsbuch für den Färber fast unentbehrlich, um die richtigen Pflanzen zu finden und zu sammeln.

Einige Grundregeln beim Pflanzensammeln sollte man unbedingt beachten: Nie Pflanzen sammeln, die unter Naturschutz stehen! Nicht mehr Pflanzen sammeln, als man wirklich benötigt! Nicht alle Pflanzen an einem Fundplatz abschneiden und dadurch den Fortbestand gefährden, sondern bedenken, wie lange oft das Nachwachsen neuer Triebe, z.B. bei Flechten, dauert!

Pflanzen und Pflanzenteile findet man während des ganzen Jahres. Als Regel gilt, Färbepflanzen dann zu sammeln, wenn der zum Färben benötigte Pflanzenteil am besten entwickelt ist!

Im Winter: Flechten, Zapfen, Stechginster, Isländisch Moos,
im Frühling: Knospen, Blüten, junge Blätter, z. B. von Birke, Eiche, Erle und Brombeerbusch,
im Sommer: Früchte und Triebe, Heide kurz vor der Blüte, Blaubeeren,
im Herbst: Beeren, Rinden, Kastanien, Schlehen, Walnußschalen.
In jedem Rezept sind noch einmal Einzelangaben über die Sammelzeit und die zu sammelnden Pflanzenteile angegeben.

Die Sammelangaben können nur Anhaltspunkte geben, denn jede Klimazone und Landschaft weist Schwankungen im Jahresrhythmus auf, wodurch sich zwangsläufig unterschiedliche Blüte- und Reifezeiten ergeben.

Fast alle Pflanzenteile lassen sich gut trocknen und aufbewahren. Getrocknet wird an einem luftigen, schattigen Ort. Die Blätter und Triebe auf Stellagen oder Tücher legen, in den ersten Tagen häufig wenden, damit Feuchtigkeit und Wärme entweichen können und es zu keinem Fäulnisprozeß kommt. Die gut durchgetrockneten Pflanzenteile in Papier- oder Netzsäcke füllen, mit Inhaltsangabe und Jahreszahl beschriften und an einem sehr trockenen Ort aufbewahren.

Beim Färben mit getrockneten Pflanzen ist das Verhältnis von frischen zu getrockneten Pflanzenteilen 2 : 1, also 2000g frische oder 1000g getrocknete Blätter, Blüten oder Rinden, falls im Rezept nicht ausdrücklich anders angegeben.

Früchte und Beeren kann man sehr gut tiefgefroren lagern. Die Früchte zum Einfrieren müssen genau beschriftet werden, da sie ja im allgemeinen mit anderen Lebensmittel zusammen in der Gefriertruhe verschwinden und einige Färbefrüchte giftig sind.

Die in unserer engeren Heimat wachsenden und blühenden Pflanzen ergeben eine ihnen eigene, oft ruhige und sanfte Farbskala. Man sollte unbedingt erst viele Färbepflanzen aus seinem Lebensbereich erproben, ehe man sich an die importierten Farbstoffe und Farbhölzer heranwagt.
Die Hölzer und Rindenextrakte der tropischen Klimazonen dagegen haben eine völlig andere Färbkraft. Sie sind leuchtender, voller und kräftiger, aber, außer Indigo und Cochenille, nicht so lichtecht wie unsere einheimischen Färbepflanzen. Sie vervollständigen unsere Farbskala um viele reizvolle Töne.

Ganz besonders interessant ist es, sie mit einheimischen Färbstoffen zu mischen. Dabei ergeben sich fast unerschöpfliche Möglichkeiten der Farbgestaltung.

Der Garten eines Pflanzenfärbers

Zum Experimentieren mit den verschiedensten Pflanzen wäre es ideal, sich einen Färbegarten anzulegen. Es bietet sich eine vielfältige Pflanzenwelt an, die sich zum Anpflanzen im eigenen Garten eignet, und aus der wir ausgiebig für unsere Färbeküche ernten können.

Als Büsche und für Einfassungen eignen sich Berberitze, Färberginster, Heckenrosen, Kreuzdorn, Liguster und Schwarzdorn. Alle diese Sträucher wachsen leicht und gut auf fast jedem Boden, und verhältnismäßig schnell können Triebe oder Früchte für unseren Gebrauch gepflückt werden. Um Bäume zu ziehen, bedarf es dagegen einiger Jahre Geduld, doch dann ist es herrlich, eigene Birken, Weiden, Wacholder und Walnußbäume zu besitzen. Walnußbäume müssen stets zu zweit in unmittelbarer Nähe gepflanzt werden, um sich gegenseitig zu befruchten. In einem Obstgarten stehen sicher auch Apfel-, Birnen- und Zwetschenbäume.

Die abgelegenen Ecken können gut genutzt werden. Brombeeren z. B., oder im Schatten der Bäume Maiglöckchen, gedeihen und verbreiten sich dort auch ohne viel Pflege.

Von einigen Blumensorten benötigen wir größere Mengen und legen daher ausgedehnte Blumenrabatten an: Goldruten, Iris, Tigerlilien, Malven, Ringelblumen, Sonnenblumen, Tagetes, um nur einige zu nennen, erfreuen das Auge und das Färberherz.

Gemüsebeete sollten reichlich mit roten und gelben Zwiebeln, Spinat, Kerbel, Möhren, Petersilie und Rhabarber bepflanzt werden.

In eine sonnige und fruchtbare Ecke setzen wir einige Tabak-, Krapp- und Alkannapflanzen. Die mehrjährige Alkanna oder Ochsenzunge kann man selbst aus Samen ziehen. Da man zum Färben die Wurzel erntet, muß immer wieder nachgepflanzt werden. Im Winter ist die Alkanna vor Frost zu schützen. Etwas schwieriger ist die Kultur des Krapps, den man am besten aus Stecklingen zieht. Auf gutem komposthaltigen Boden entwickelt sich die Pflanze rasch. Die Wurzel wird erst im dritten Jahr geerntet, daher rechtzeitig einige Stecklinge

für die Weiterzucht setzen. Im Winter zurückschneiden und abdecken, da der Krapp frostempfindlich ist.
Grüne Reseda – Wau – ist ein Unkraut und läßt sich daher leicht anbauen. Man braucht nur den Samen vom wilden Wau zu sammeln und im August in eine magere, sonnige Ecke auszusäen. Reseda ist zweijährig und sät sich später reichlich selbst aus.
Saflordistel liebt den gleichen Boden wie Reseda und sät sich auch selbst wieder aus. Der Samen ist leicht erhältlich, da Saflor noch heute zur Ölgewinnung angebaut wird. Beim Saflor werden die Blütenköpfe zum Färben benötigt, für eine Wiederaussaat muß man daher immer einige Pflanzen stehen lassen.
Waid und Färberscharte lieben feuchten, fruchtbaren Boden. Man sät sie in einer halbschattigen Ecke auf lehmigem Boden aus, der immer gut gewässert werden muß. Da man die grünen Blätter des Waid schon im ersten Jahr erntet, läßt man einen Teil der Pflanzen zur Selbstaussaat stehen. Von der Färberscharte benötigt man die ganze Pflanze und muß daher Samen zur Neuaussaat sammeln.
Für Kamille sollte man ein großes Beet anlegen und sie jedes Jahr neu einsäen.
Schön wäre es, noch eine Wand mit wildem Wein bepflanzen zu können.
Der Garten schenkt uns dann eine Fülle von Färbepflanzen, sieht farbenfroh und leuchtend aus, und kein Mensch ahnt, daß hier speziell ein Färbergarten angelegt worden ist. Seine Reichhaltigkeit ermöglicht es uns, daraus eine entsprechende Skala von Farbtönen zu gewinnen.

Rezepte

Akazie – *Robinia pseudoacazia*

Die Akazie wurde aus Amerika nach Europa eingeführt. Man findet sie bei uns in Gärten, Parks und Wäldern. Von gefällten Bäumen sammelt man im Frühjahr die bastige Rinde, die man gut getrocknet aufbewahren kann.

Sud: Die getrockneten Rinden gut zerkleinern, über Nacht einweichen, 1–2 Stunden kochen, auskühlen lassen, abseihen. Die Rinden in einem Mullbeutel ins Farbbad hängen.

Rezept 1: *Rötlichbraun*
1000 g Rinde
500 g Wolle

Vorbeize: 65 g Alaun, 1 Stunde, im Beizbad auskühlen lassen.

Färben: 1–2 Stunden sanft kochend, spülen.

Rezept 2: *Gelbbraun*
im selben Farbsud
500 g Wolle

Vorbeize: 65 g Alaun, 1 Stunde, im Beizbad auskühlen lassen.

Färben: 1 Stunde kochend, Wolle herausnehmen, dem Farbbad 50 g gelöstes Kupfersalz zusetzen, gut umrühren, Wolle wieder einlegen, ½ Stunde sanft kochend weiterfärben, waschen, spülen.

Ampfer, krauser – *Rumex crispus*

Der krause Ampfer wächst fast überall reichlich als Unkraut. Das grünblühende Kraut möglichst Juni/Juli vor der Blüte pflücken. Auch andere Ampfergewächse färben vorzüglich. Der Ampfer läßt sich gut trocknen und aufbewahren.

Sud: Den getrockneten Ampfer zerkleinern, 24 Stunden einweichen, 2 Stunden kochen, im Sud auskühlen lassen, abseihen.

Rezept 1: *Gelb*

2000 g getrockneter Ampfer
500 g Wolle

Vorbeize: 60 g Alaun, 1 Stunde, im Beizbad auskühlen lassen.

Färben: 1 Stunde sanft kochend, spülen.

Rezept 2: *Gelbgrün*

im selben Sud
500 g Wolle

Vorbeize: 65 g Alaun, beizen wie vordem.

Färben: 1 Stunde sanft kochend, Wolle herausnehmen, dem Farbbad 50 g gelöstes Eisensalz zusetzen, gut umrühren, Wolle wieder einlegen, ½ Stunde sanft kochend weiterfärben, waschen, spülen.

Rezept 3: *Gelbbraun*

500 g getrockneter Ampfer
500 g Wolle

Vorbeize: 35 g Kupfersalz, 1 Stunde, aus dem Beizbad nehmen und auskühlen lassen.

Färben: 1 Stunde kochend, waschen, spülen.

Apfel – *Malus sylvestris*

Die Apfelbaumrinde ergibt sehr schöne Gelbtöne. Im Januar/Februar, wenn in den Obstgärten ausgelichtet wird oder Bäume gefällt werden, ist es nicht schwer, Rinden von Obstbäumen zu bekommen. Man löst die Bastschichten und trocknet sie.

Sud: Die getrockneten Rinden zerkleinern, 24 Stunden einweichen, 2–3 Stunden kochen, über Nacht im Sud auskühlen lassen, abseihen.

Rezept 1: *Grüngelb*

2000 g Apfelbaumrinde
500 g Wolle

Vorbeize: 80 g Alaun, 1 Stunde.

Färben: 1 Stunde sanft kochend, spülen.

Rezept 2: *Bronzegelb*

im selben Farbsud
500 g Wolle

Vorbeize: 80 g Alaun, beizen wie vordem.

Färben: 1 Stunde sanft kochend, Wolle herausnehmen, dem Farbbad 20 g gelöstes Eisensalz zusetzen, gut umrühren, Wolle wieder einlegen, ½ Stunde sanft kochend weiterfärben, waschen, spülen.

Rezept 3: *Rötlichgelb*

500 g Rinde
500 g Wolle

Vorbeize: 80 g Alaun, 1 Stunde

Färben: 1 Stunde sanft kochend, spülen.

Rezept 4: *Khaki*

500 g Rinde
500 g Wolle

Vorbeize: 30 g Kupfersalz, 1 Stunde.

Färben: 1 Stunde sanft kochend, waschen, spülen. Bei einer Vorbeize mit 10 g Chromkali erzielt man ein etwas kräftigeres Khaki.

Bärenklau – *Heracleum sphondylium*

Ein in Laub- und Mischwäldern häufig vorkommendes Doldengewächs. Man sammelt kurz vor der Blüte ca. Juni/Juli die ganze Pflanze, aber ohne Wurzeln. Bärenklau eignet sich besonders getrocknet gut zum Färben.

Sud: Die getrockneten Pflanzenteile zerkleinern, 3–4 Stunden einweichen, 1–2 Stunden kochen, im Sud auskühlen lassen, abseihen.

Rezept 1: *Gelb*

1000 g Bärenklau
500 g Wolle

Vorbeize: 100 g Alaun, 1 Stunde.

Färben: 1 Stunde sanft kochend, gut spülen.

Rezept 2: *Gelbgrün*
im selben Sud
500 g Wolle
Vorbeize: 100 g Alaun, 1 Stunde.
Färben: 1 Stunde sanft kochend, Wolle herausnehmen, dem Farbbad 30 g gelöstes Eisensalz zusetzen, gut umrühren, Wolle wieder einlegen, ½ Stunde sanft kochend weiterfärben, waschen, spülen.

Rezept 3: *Olivgrün*
1000 g Bärenklau
500 g Wolle
Vorbeize: 100 g Alaun, 1 Stunde.
Färben: Dem Farbsud 50 g gelöstes Kupfersalz zusetzen, 1 Stunde sanft kochend färben, waschen, spülen.

Bärentraube – *Arctostaphylos uva-ursi*

Dieses Heidekrautgewächs kommt auf alpinen Matten, Heiden, Dünenlandschaften, Tundren und in Nadelwäldern vor. Man erntet die Blätter am besten Ende Juli. Sie können frisch oder getrocknet verwendet werden. Getrocknet sind sie lange haltbar.

Sud: Die Blätter 2–3 Stunden einweichen, 2–3 Stunden kochen, auskühlen lassen, abseihen.

Rezept 1: *Graugelb*
2000 g getrocknete Bärentraubenblätter
500 g Wolle
Vorbeize: 70 g Alaun, 1½ Stunden.
Färben: 1 Stunde sanft kochend, spülen.

Rezept 2: *Olivgrün*
im selben Farbsud
500 g Wolle
Vorbeize: 70 g Alaun, 1½ Stunden.

Färben: Dem Farbsud 40 g gelöstes Eisensalz zusetzen, gut verrühren, Wolle einlegen, 1 Stunde sanft kochend färben, waschen, spülen.

Berberitze – gemeiner Sauerdorn
– Berberis vulgaris

Berberitze oder Sauerdorn ist eine alte Färberpflanze. Wildwachsend ist der Strauch nur selten zu finden, dagegen häufig als Zierstrauch in Gärten. Die Farbe sitzt im Innern der Zweige und Wurzeln, die, gereinigt und zerkleinert, gut getrocknet lange haltbar sind.

Sud: Die getrockneten Triebe und Wurzeln 3 Tage einweichen, 2–3 Stunden sanft kochen, auskühlen lassen, abseihen.

Rezept 1: *Leuchtendgelb*
1000 g getrocknete Berberitze
500 g Wolle
Vorbeize: 70 g Alaun, ¾ Stunde.
Färben: 1 Stunde bei 80 Grad, im Farbbad auskühlen lassen, spülen.

Rezept 2: *Mattgelb*
im selben Farbsud
500 g Wolle
Vorbeize: 70 g Alaun, ¾ Stunde.
Färben: 1 Stunde bei 80 Grad, im Farbbad auskühlen lassen, spülen.

Rezept 3: *Moosgrün*
500 g getrocknete Berberitze
500 g Wolle
Vorbeize: Keine.
Färben: 1 Stunde sanft kochend, Wolle herausnehmen, dem Farbbad 50 g gelöstes Eisensalz zugeben, gut umrühren, Wolle wieder einlegen, ½ Stunde sanft kochend weiterfärben, waschen, spülen.

Rezept 1 und 2 sind besonders für Seide zu empfehlen: Die Seide wie in der Waschvorschrift angegeben vorbereiten. Mit 100 g Alaun 1½ Stunden unter dem Siedepunkt beizen. Über Nacht im Beizbad auskühlen lassen, dann wie bei Wolle färben.

Birke – *Betula*

Die Birke ist im nordeuropäischen Raum weit verbreitet. Wir finden die verschiedenen Arten als Straßenbäume, in Mischwäldern, Parks oder Gärten. Zum Färben kann man Laub und Rinde verwenden. Man erntet das vollentwikkelte Blatt ab Mai/Juni. Die Blätter können frisch oder getrocknet verwendet werden. Bei getrockneten Blättern werden die Farben klarer und reiner.

Die ebenfalls frisch oder getrocknet zu verwendenden Rinden schält man von gefällten Bäumen. Von jungen, im Februar gefällten Birken erhält man aus dem Inneren der Rinde die besten Farben.

Rezepte mit Birkenblättern

Sud: Birkenlaub einige Stunden einweichen, 1 Stunde im Einweichwasser kochen, über Nacht im Sud auskühlen lassen, abseihen und die Blätter ausdrükken.

Rezept 1: *Gelb, hell und klar*

2000 g frische oder
1000 g getrocknete Birkenblätter
500 g gewaschene feuchte Wolle
65 g Alaun

Vorbeize: Keine.

Färben: Dem Farbsud das Alaun zusetzen, auf 40 Grad erwärmen, Wolle einlegen, langsam zum Kochen bringen, 1 Stunde sanft kochend färben, gut spülen.

Rezept 2: *Goldgelb*

im selben Farbsud
500 g Wolle
65 g Alaun zur Direktbeize,
10 l Wasser
50 g Pottasche zum Pottaschebad

Färben: Wie in Rezept 1, aber nicht spülen, sondern leicht trocknen. Das Pottaschebad bereiten, auf 40 Grad erwärmen, die vorgefärbte, angetrocknete Wolle einlegen, das Bad 1 Stunde zwischen 40 und 50 Grad halten, über Nacht im Pottaschebad auskühlen lassen, waschen, spülen.

Rezept 3: *Bronze*

im selben Farbsud
250 g gewaschene feuchte Wolle
50 g Kupfersalz

Färben: Den Farbsud von Rezept 1 und 2 teilen und die eine Hälfte mit Wasser auf 10 l ergänzen. Das gelöste Kupfersalz dem Farbsud zusetzen, gut verrühren, auf 40 Grad erwärmen. Wolle einlegen, 1 Stunde sanft kochend färben, waschen, spülen.

Rezept 4: *Hellbraun, grünlich*

2. Hälfte des Farbsudes von Rezept 1 und 2
250 g Wolle
50 g Eisensalz

Färben: Den Rest des Farbsudes mit Wasser auf 10 l ergänzen. Dem Farbsud das gelöste Eisensalz zusetzen, gut umrühren, auf 40 Grad erwärmen, Wolle einlegen, färben wie in Rezept 3.

Rezepte mit Birkenblatt und Indigopaste

Rezept 5: *Grünblau, dunkel*

1000 g getrocknetes Birkenlaub
500 g Wolle
4 ccm Indigopaste

Vorbeize: 80 g Alaun, 1 Stunde.

Färben: Das halbe Beizbad wegschütten und durch kaltes Wasser ersetzen, die Indigopaste tropfenweise zugeben, gut verrühren, Wolle einlegen, 1 Stunde sanft kochend färben, auskühlen lassen. Den Birkensud auf 40 Grad erwärmen, Wolle einlegen, langsam zum Kochen bringen, 1 Stunde sanft kochend weiterfärben, waschen, spülen.

Rezept 6: *Grünblau, kräftig*
im selben Farbsud
500 g Wolle
2 ccm Indigopaste

Vorbeize: 80 g Alaun, 1 Stunde.

Färben: Wie vordem.

Rezept 7: *Blaugrün, mittel*
2000 g getrocknete Birkenblätter
500 g Wolle
1 ccm Indigopaste

Vorbeize: 80 g Alaun, 1 Stunde.

Färben: Wie vordem.

Rezept 8: *Blaugrün, hell*
im selben Farbsud
500 g Wolle
½ ccm Indigopaste

Vorbeize: 80 g Alaun, 1 Stunde.

Färben: Wie vordem.

Rezept 9: *Hellgrün*
1000 g getrocknete Birkenblätter
500 g Wolle
10 Tropfen Indigopaste

Vorbeize: 80 g Alaun, 1 Stunde.

Färben: Verfahren wie vordem, aber nach dem 1stündigen Kochen die Wolle herausnehmen, dem Farbbad 5 g gelöstes Eisensalz zusetzen, gut umrühren, Wolle wieder einlegen, ½ Stunde sanft kochend weiterfärben, waschen, spülen.

Rezepte mit Birkenrinde

Sud: Die gut zerkleinerten, getrockneten Rinden 24 Stunden einweichen, im Einweichwasser 3 Stunden kochen, über Nacht auskühlen lassen, abseihen.

Rezept 1: *Rötlichgelb, zart*

2000 g getrocknete Rinde
500 g Wolle

Vorbeize: Keine.

Färben: 1–2 Stunden sanft kochend, spülen.

Rezept 2: *Mattbräunlich*

im selben Sud
500 g Wolle
10 l Wasser
100 g Pottasche

Vorbeize: Keine.

Färben: Siehe Rezept Birkenblätter 2.

Rezept 3: *Rotbraun, hell*

2000 g getrocknete Birkenrinde
500 g Wolle

Vorbeize: 60 g Alaun, 1 Stunde.

Färben: 1 Stunde sanft kochend, im Farbbad auskühlen lassen, spülen.

Rezept 4: *Rotbraun*

im selben Farbsud
500 g Wolle

Vorbeize: 10 g Chromkali, 1 Stunde.

Färben: 1 Stunde sanft kochend, Wolle herausnehmen, dem Farbbad 5 g Zinnsalz zusetzen, gut umrühren, Wolle wieder einlegen, ½ Stunde sanft kochend weiterfärben, waschen, spülen.

Rezept 5: *Nußbaum*

2500 g getrocknete Birkenrinde
30 g Soda (gleich dem Weichwasser zusetzen)
500 g Wolle

Vorbeize: 120 g Alaun, 1 Stunde.

Färben: Dem Farbsud 10 g gelöstes Eisensalz zusetzen, auf 40 Grad erwärmen, Wolle einlegen, 1 Stunde sanft kochend färben, waschen, spülen.

Rezept 6: *Braun, hell*

im selben Farbsud
500 g Wolle

Vorbeize: 120 g Alaun, 1 Stunde.

Färben: 1–2 Stunden sanft kochend, waschen, spülen.

Alle Birkenrindenfarben sind sehr echt.

Zum Experimentieren ein altes Rezept aus Finnland:

Dort färbte man um 1800 mit Birkenrinde Leinengarn echtbraun.

Für 1000 g ungebleichtes Leinengarn
2000 g Birkenrinde

4 Wochen in Regenwasser stehen lassen, dann im Einweichwasser 2 Stunden stark kochen, auskühlen lassen, abseihen.
Nun 2 Lot Grünspan – umgerechnet 70 g – dazutun und noch einmal ½ Stunde kochen.
Das Leinengarn in einer Lauge von Grüner Seife 2 Stunden kochen und ausspülen. 125 g Alaun in 25 l Wasser auflösen, das Leinengarn in diesem Alaunwasser 1 Stunde kochen, über Nacht stehen lassen. Das Garn auswinden und an der Luft trocknen.
7 Tage lang das Leinengarn jeden Abend in die kalte Birkenlauge legen, morgens herausnehmen, auswinden und in der prallen Sonne trocknen. Nach diesen 7 Tagen ist es dunkelbraun.

Nun von 25 l Wasser und 125 g Pottasche ein Pottaschebad bereiten, das Garn hineinlegen und 24 Stunden darin stehen lassen, dann waschen, spülen und noch einmal in der Sonne trocknen.
Dieses Leinengarn ist so farbecht, daß es Sonne und Licht über Jahre verträgt, ohne sich zu verändern.

Birne – *Pyrus communis*

Das Laub der Birne färbt dauerhaft und gut. Das vollentwickelte Blatt, im Mai/Juni gepflückt, kann frisch oder getrocknet zum Färben gebraucht werden.

Sud: Die getrockneten Blätter 1 Nacht einweichen, 1–2 Stunden kochen, im Sud über Nacht auskühlen lassen, abseihen und ausdrücken.

Rezept 1: *Gelb*
2000 g getrocknete Blätter
500 g Wolle
Vorbeize: 100 g Alaun, 30 g Weinsteinrahm, 1 Stunde.
Färben: 1 Stunde sanft kochend, spülen.

Rezept 2: *Olivgrün*
im selben Farbsud
500 g Wolle
Vorbeize: 100 g Alaun, 1 Stunde.
Färben: Dem Farbsud 50 g gelöstes Eisensalz zusetzen, gut umrühren, auf 40 Grad erwärmen, Wolle einlegen, 1 Stunde sanft kochend färben, waschen, spülen.

Blaubeere – *Vaccinium myrtillus*

Blaubeeren findet man in Mooren, Wäldern, Heidelandschaften, Laub- und Mischwäldern, besonders reichlich in Schweden und Finnland.
Zum Färben eignen sich das ganze Kraut und die Früchte der Blaubeeren. Das Kraut sammelt man am besten im Frühjahr, wenn die Blätter voll entwickelt

sind. Es ist getrocknet und frisch zu verwenden. Die Beeren erntet man vollreif und verwendet sie nur frisch oder tiefgefroren.

Rezepte mit Blaubeerkraut

Sud: Das Kraut sehr fein hacken, 24 Stunden einweichen, 2–3 Stunden kochen, auskühlen lassen, abseihen.

Rezept 1: *Goldgelb*

1000 g Blaubeerkraut
500 g Wolle

Vorbeize: 65 g Alaun, 1 Stunde.

Färben: 1 Stunde sanft kochend, spülen.

Rezept 2: *Moosgrün*

1000 g Blaubeerkraut
500 g Wolle

Vorbeize: 65 g Alaun, 1 Stunde.

Färben: 1 Stunde sanft kochend, Wolle herausnehmen, dem Farbbad 15 g gelöstes Eisensalz zusetzen, gut umrühren, auf 40 Grad abkühlen lassen, Wolle wieder einlegen, ½ Stunde sanft kochend weiterfärben, waschen, spülen.

Rezept 3: *Braun*

2500 g Blaubeerkraut
500 g Wolle

Vorbeize: 75 g Alaun, 1 Stunde, 2 Tage feucht lagern.

Färben: 1–2 Stunden sanft kochend, spülen.

Rezept 4: *Dunkelbraun*

2500 g Blaubeerkraut
500 g Wolle

Vorbeize: 75 g Alaun, 1 Stunde, 2 Tage feucht lagern.

Färben: 1 Stunde sanft kochend, Wolle herausnehmen, dem Farbbad 10 g gelöstes Kupfersalz zusetzen, auf 40 Grad abkühlen lassen, Wolle wieder einlegen, ½ Stunde sanft kochend weiterfärben, waschen, spülen.

Rezepte mit Blaubeeren

Sud: Die reifen Blaubeeren 1 Stunde kräftig kochen, abseihen, in einem Mulltuch fest auspressen.

Rezept 1: *Blaugrau, waschecht, nicht lichtecht*

1000 g Blaubeeren
500 g Wolle
1 Tasse Apfelessig

Vorbeize: Keine.

Färben: Den Apfelessig in den Farbsud geben, 1 Stunde sanft kochend färben, über Nacht im Farbbad auskühlen lassen, spülen.

Dieses Rezept ist besonders schön für Seide, dann aber beim Färben unter dem Kochpunkt bleiben.

Rezept 2: *Rötlichblaugrau, waschecht, nicht lichtecht*

1000 g Blaubeeren
500 g Wolle
1 Tasse Apfelessig

Vorbeize: 80 g Alaun, 40 g Weinsteinrahm, 1 Stunde.

Färben: 1 Stunde sanft kochend, die Wolle herausnehmen, den Apfelessig zugeben, die Wolle wieder einlegen, ½ Stunde sanft kochend weiterfärben, über Nacht im Farbbad auskühlen lassen, spülen.

Wie Rezept 1 auch schön für Seide.

Blauholz – *Haematoxylon campechianum*

Blau- oder Campechholz sind die Holzspäne eines mittelamerikanischen Baumes, der wegen seines roten Holzes auch Blutbaum genannt wird. Das Kernholz des Baumes, welches die Farbe ergibt, ist als Späne oder Pulver im Handel erhältlich. Das Pulver ist weitaus intensiver als die Späne, zum Färben mit Pulver benötigt man daher nur die Hälfte der in den Rezepten angegebenen Mengen. Farbecht und intensiv färbt Blauholz auf leichten Chromkalibeizen. Färbungen auf anderen Beizen sind zwar auch echt und schön, aber etwas lichtempfindlich und für wertvolle Arbeiten nicht geeignet.

Sud: Die Blauholzspäne in einem Mullsäckchen 1 Nacht einweichen, 2–4 Stunden kochen, auskühlen lassen, das Säckchen häufig ausdrücken und beim Färben im Farbsud lassen.

Das Pulver mit Regenwasser zu einem Brei verrühren, 1 Nacht stehen lassen, 1 Stunde kochen, abseihen und in einem Beutel in den Farbsud hängen.

Rezept 1: *Purpurblau*

200 g Blauholz
500 g Wolle

Vorbeize: 70 g Alaun, 1 Stunde, 3 Tage feucht lagern.

Färben: 1 Stunde sanft kochend, im Farbbad auskühlen lassen, waschen, spülen.

Rezept 2: *Blaulila, hell*

im selben Farbsud
500 g Wolle

Vorbeize: 120 g Alaun, 60 g Weinsteinrahm, 1 Stunde.

Färben: 1 Stunde sanft kochend, im Farbbad auskühlen lassen, waschen, spülen.

Rezept 3: *Schwarz*

300 g Blauholz
500 g Wolle

Vorbeize: 15 g Chromkali, 1 Stunde.

Färben: ½ Stunde sanft kochend, waschen, spülen.

Rezept 4: *Marineblau*

im selben Sud
500 g Wolle

Vorbeize: 15 g Chromkali, 1 Stunde.

Färben: ½ Stunde sanft kochend, waschen, spülen.

Rezept 5: *Taubenblau, hell*
im selben Sud
500 g Wolle

Vorbeize: 8 g Chromkali, 1 Stunde.

Färben: ½ Stunde sanft kochend, waschen, spülen.

Rezept 6: *Taubenblau, kräftig*
200 g Blauholz
500 g Wolle

Vorbeize: 8 g Chromkali, 1 Stunde.

Färben: 1 Stunde sanft kochend, waschen, spülen.

Rezept 7: *Mittelblau*
im selben Sud
500 g Wolle

Vorbeize: 5 g Chromkali, 1 Stunde.

Färben: ½ Stunde sanft kochend, waschen, spülen.

Rezept 8: *Graublau*
100 g Blauholz
20 g Pottasche, bei kalkarmem Wasser 1 TL Kalk
500 g Wolle

Vorbeize: 75 g Alaun, 35 g Weinsteinrahm, 1 Stunde.

Färben: Bei 80 Grad 1 Stunde, im Farbbad auskühlen lassen, waschen, spülen.

Rezept 9: *Schwarz (mit Gelbholz)*
500 g Blauholzspäne
50 g Gelbholzspäne
500 g Wolle

Vorbeize: 100 g Seesalz, 10 g Chromkali, 1 Stunde.

Färben: 2 Stunden sanft kochend, trocknen, ohne zu spülen, falls nicht schwarz genug, im selben Farbbad noch einmal färben, trocknen, dann erst waschen und spülen.

Für Freunde der alten Rezepte hier ein Rezept aus Finnland mit Blauholz in einer Bärlappbeize für Dunkelblau:

Bärlapp – Lycopodium selago – ist eine niedrigwachsende Farnart in Tundren, Heide- und Dünenlandschaften.

Wir benötigen:
500 g Blauholz für das Farbbad
500 g Wolle
500 g Bärlappkraut für die Beize

Vorbeize: Den Bärlapp zerkleinern, in einem Kupferkessel auf 40 Grad erwärmen und 3 Tage auf dieser Temperatur halten. Einmal kurz aufkochen, die Wolle einlegen, bei 40 Grad langsam ziehen lassen. Diese Prozedur im Beizbad 3 Tage lang täglich wiederholen.

Färben: Das Farbbad bereiten, die feuchte Wolle in dem Sud langsam zum Kochen bringen, 1 Stunde sanft kochen, herausnehmen, 2 Stunden an die Luft hängen, dann ½ Stunde weiterfärben. Diesen Vorgang wiederholen, bis das gewünschte Blau erreicht ist. Trocknen ohne zu spülen, danach waschen und spülen.
Die Färbung wird besonders weich und voll im Ton.

Die Trachtenstoffe für die Friesentrachten
wurden noch bis zu Beginn dieses Jahrhunderts in Nieblum/Föhr von der Färberfamilie Lorenzen mit Blauholz gefärbt.

Hier ein altes Rezept für Schwarz:
200 g Blauholzspäne
500 g Wolle
500 g Sauerampfer, für die Beize
100 g Pottasche, für das Pottaschebad

Vorbeize: Den Sauerampfer kleinschneiden, in einem Eisenkessel etwa 2 Stunden kochen, auskühlen lassen, abseihen, den Beizsud umgießen. Den Eisenkessel blankscheuern und die Sauerampferbeize wieder zurückgießen. Die gewaschene, feuchte Wolle hineinlegen, 2 Stunden sanft kochend in dem Sud beizen und über Nacht auskühlen lassen.

Färben: Das Farbbad mit dem Blauholz bereiten, die Wolle am nächsten Tag in das auf 40 Grad erwärmte Bad geben, langsam zum Kochen bringen und 1–2 Stunden sanft kochen, bis sie sehr dunkel ist. Trocknen ohne zu spülen. Das Pottaschebad mit 15 l Wasser bereiten, bei 40 Grad die Wolle hineingeben, 12 Stunden auf 40 Grad halten, in dem Bad bis zum nächsten Tag liegen lassen, trocknen ohne zu spülen, danach waschen und spülen.

Rezepte aus dem Färbebuch von Johann Hinrich Ehlers, Hamburg 1817:

Blauviolett, mit Sternmierenbeize (als Unkraut überall zu finden)

100 g Blauholz
500 g Wolle

Vorbeize: 1500 g Sternmiere, 70 g Alaun
Die Sternmiere im Eisenkessel 1 Stunde kochen, auskühlen lassen, abseihen, Alaun dazugeben, gut umrühren, die Wolle hineinlegen, 1 Stunde kochend beizen, im Beizbad auskühlen lassen.

Färben: 1 Stunde sanft kochend, im Farbsud auskühlen lassen, waschen, spülen.

Dunkelblau, mit Sternmierenbeize
200 g Blauholz
500 g Wolle

Vorbeize: 1500 g Sternmiere, 70 g Alaun, wie im Rezept vordem.

Färben: Wie vordem.

Hier noch ein Rezept aus dem alten „Hamburgischen Färbebuch" Originaltext 1827:

„Schön blau auf Leinen und Baumwolle zu färben für ein Pfund Garn."

Man nehme 4 Maß Wasser, ½ Loth Indigo und bereite mit Vitriolöl eine Paste, 24 Stunden die Paste stehen lassen.
Nehme ½ Pfund Blauholzspäne, weiche diese eine Nacht.

Nun koche das Blauholz mit dem Wasser eine Stunde, tue das Indigo hinein und koche weiter, gebe 1 Maß Urin dazu und lasse es auskühlen. Gieße die Farbe ab in ein Gefäß, tue 1½ Loth Pottasche dazu und ½ Loth Weinsteinrahm. Gieße die zum Färben nötige Menge Flußwasser oder Regenwasser darauf, lege das vorher in Grünseife gewaschene Garn hinein, nun erwärme langsam, koche dann eine Stunde bei 80 Grad, lasse es auskühlen und an der Luft trocknen. Ist es noch nicht blau genug, wiederhole diesen Vorgang in demselben Farbbade. Wenn es gut ist, wasche es mit Seife und dann spülen.

Man muß beim Umrühren des Indigos mit dem Vitriolöl sich in Acht nehmen, daß einem nichts ins Gesicht kommt, auch wenn man es in das kochende Wasser gießt, denn das ist sehr gefährlich!

Für Interessenten die heutigen Maße:
2 l Wasser, 15 g Indigo, 75 g Vitriolöl
250 g Blauholz, ½ l Urin
50 g Pottasche, 15 g Weinsteinrahm.

Blutwurz – *Potentilla tormentilla*

Dieses kleinblühende, gelbe Fingerkraut ist reichlich auf Heiden, trockenen Wiesen und sauren Böden zu finden. Man erntet die ganze Pflanze mit der Wurzel kurz vor der Blüte und trocknet sie.

Sud: Die getrockneten Pflanzen gut zerkleinern, 1 Stunde einweichen, 2 Stunden kochen, auskühlen lassen, abseihen.

Rezept 1: *Gelbbraun*
500 g Blutwurz
500 g Wolle
Vorbeize: 125 g Alaun, 1 Stunde, 1 Woche feucht lagern.
Färben: 1 Stunde sanft kochend, spülen.

Rezept 2: *Goldbraun*
500 g Blutwurz
500 g Wolle
Vorbeize: 30 g Kupfersalz, 1 Stunde.
Färben: ½ Stunde sanft kochend, waschen, spülen.

Rezept 3: *Hellbraun*
im selben Farbsud
500 g Wolle
Vorbeize: 125 g Alaun, 1 Stunde.
Färben: 1 Stunde sanft kochend, spülen.

Rezept 4: *Rotbraun*
1000 g Blutwurz
500 g Wolle
Vorbeize: 10 g Chromkali, 1 Stunde.
Färben: 1 Stunde sanft kochend, waschen, spülen.

Rezept 5: *Rostrot, hell*
im selben Farbsud
500 g Wolle
Vorbeize: 100 g Alaun, 1 Stunde, 1 Woche feucht lagern.
Färben: 1 Stunde sanft kochend, Wolle herausnehmen, trocknen. Ein Pottaschebad von 15 l Wasser und 75 g Pottasche bereiten, auf 40 Grad erwärmen, Wolle wieder einlegen, 1 Stunde auf 40–50 Grad halten, über Nacht im Farbbad auskühlen lassen, spülen.

Brasilholz – Pernambucholz – *Caesalpinia echinata*

Das orange- bis blutrote Brasilholz wurde schon seit dem frühen Mittelalter aus tropischen Zonen importiert. Heute kommt es überwiegend aus Brasilien. Es ist in Spänen oder Pulverform im Drogenhandel erhältlich.

Sud: Um den Farbstoff wirklich voll auszunutzen, die Späne 1 Woche einweichen, dann 4–6 Stunden kochen, auskühlen lassen, abseihen, im Mullsack in den Farbsud hängen.

Da das Pulver weitaus ergiebiger ist, benötigt man nur die Hälfte der in den Rezepten angegebenen Mengen. Mit Regenwasser zu einem Brei verrühren, über Nacht quellen lassen. Am nächsten Tage langsam mit der zum Färben benötigten Menge Wasser zum Kochen bringen, 1 Stunde kochen, auskühlen lassen, abseihen, den Mullbeutel in den Farbsud hängen.

Brasilholz gibt besonders schöne Farben auf Alaunbeize oder auf in Restbädern von Birkenrinde vorgefärbten Garnen.

Rezept 1: *Englischrot*

500 g Brasilholzspäne
500 g Wolle

Vorbeize: 75 g Alaun, 1 Stunde.

Färben: 1 Stunde sanft kochend, im Farbbad auskühlen lassen, spülen.

Rezept 2: *Zartrot*

im selben Sud
500 g Wolle

Vorbeize: 75 g Alaun, 1 Stunde.

Färben: 1 Stunde sanft kochend, im Farbbad auskühlen lassen, spülen.

Rezept 3: *Braunrot, hell*

im selben Sud
500 g Wolle

Vorbeize: 75 g Alaun, 1 Stunde.

Färben: 1 Stunde sanft kochend, Wolle herausnehmen, dem Farbbad 5 g Zinnsalz zusetzen, gut umrühren, Wolle wieder einlegen, ½ Stunde sanft kochend weiterfärben, waschen, spülen.

Rezept 4: *Purpurrot*

80 g Brasilholzpulver
500 g Wolle

Vorbeize: 5 g Chromkali, 1 Stunde.

Färben: ½ Stunde sanft kochend, waschen, spülen.

Rezept 5: *Flieder*

im selben Farbsud
500 g Wolle

Vorbeize: 70 g Alaun, 1 Stunde.

Färben: 1 Stunde sanft kochend, waschen, spülen.

Rezept 6: *Braunrot, dunkel*

350 g Brasilholzspäne
500 g Wolle

Vorbeize: 10 g Chromkali, 1 Stunde.

Färben: ½ Stunde sanft kochend, waschen, spülen.

Rezept 7: *Bischofslila*

im selben Farbsud
500 g Wolle

Vorbeize: 10 g Chromkali, 1 Stunde.

Färben: 1 Stunde sanft kochend, waschen, spülen.

Rezept 8: *Dunkelrot*

500 g Brasilholzspäne
500 g Wolle

Vorbeize: 75 g Alaun, 1 Stunde.

Färben: 1 Stunde sanft kochend, Wolle herausnehmen, dem Farbbad 20 g gelöstes Kupfersalz zusetzen, auf 40 Grad abkühlen, Wolle wieder einlegen, ½ Stunde sanft kochend weiterfärben, waschen, spülen.

Rezept 9: *Rotbraun*
im selben Farbsud
500 g Wolle
Vorbeize: 30 g Kupfersalz, 1 Stunde.
Färben: 1 Stunde sanft kochend, waschen, spülen.

Aus meinem alten Färbebuch von Johann Hinrich Ehlers, Hamburg 1817:

Türkischrot für Leinen und Baumwolle mit Brasilholz.

35 g Orleansamen kleinstoßen, 30 g Soda dazutun, zu Brei rühren, 1 Nacht weichen lassen. In die zum Färben nötige Menge Wasser 100 g Alaun geben, den Brei dazurühren, 1 Stunde kochen lassen. Nun das Material Leinen oder Baumwolle – nach dem Waschrezept am Tage vorher mit Grüner Seife vorbereitet – in den Sud legen und ½ Stunde kochend färben. Das Garn ist jetzt gelb. Ein Beizbad aus 25 l Wasser und 150 g Alaun bereiten und darin das Garn 1 Stunde sanft kochend beizen. Jetzt hat es einen rötlichen Schimmer. Aus 125 g Brasilholzpulver – am Abend vorher eingeweicht – einen Farbsud bereiten, 1 Stunde kochen und abseihen, auf 40 Grad abkühlen lassen, das Garn hineinlegen, 2–3 Stunden sanft kochend färben, im Farbbad abkühlen lassen und gut spülen.

Brennessel – *Urtica dioica*

Ein häufig vorkommendes Unkraut auf Schuttplätzen, Waldrändern, Wegrainen. Die vollausgewachsene Brennessel mit dem Stiel schneiden. Man kann sie das ganze Jahr über sammeln. Am besten färbt die frische Pflanze.

Sud: Die Brennesseln kleinschneiden, 1 Nacht einweichen, 1 Stunde kochen, auskühlen lassen, abseihen, Pflanzenreste in einem Mullsack in den Sud hängen.

Rezept 1: *Grüngelb*
1000 g Brennessel
500 g Wolle
Vorbeize: 120 g Alaun, ½ Stunde.
Färben: 1–2 Stunden sanft kochend, waschen, spülen.

Rezept 2: *Moosgrün*

1000 g Brennessel
500 g Wolle

Vorbeize: 50 g Kupfersalz, 1 Stunde.

Färben: 1 Stunde sanft kochend, waschen, spülen.

Brombeere – *Rubus fruticosus*

An Waldrändern, Äckern, Lichtungen und auf der Heide findet man die Brombeersträucher reichlich. Es färben die jungen Triebe, die reifen Früchte und die Wurzeln.
Die Triebe kurz vor der Blüte April/Mai schneiden, die Früchte im Herbst vollreif pflücken, die Wurzeln im Februar ausgraben.
Die Triebe färben frisch und getrocknet, die Beeren sofort nach der Ernte oder tiefgefroren verarbeiten, die Wurzeln gereinigt und getrocknet verwenden.

Rezepte mit Brombeertrieben

Sud: Die frischen Triebe kleinschneiden, in reichlich Wasser 2–3 Stunden kochen, über Nacht auskühlen lassen, abseihen, kräftig ausdrücken.

Rezept 1: *Gelb, hell und zart*

2000 g frische Brombeertriebe
500 g Wolle

Direktbeize: 100 g Alaun.

Färben: 1 Stunde sanft kochend, spülen.

Rezept 2: *Goldgelb*

im selben Farbsud
500 g Wolle

Direktbeize: 100 g Alaun.

Färben: 1 Stunde sanft kochend, trocknen ohne zu spülen. Pottaschebad von 15 l Wasser und 75 g Pottasche bereiten, auf 40 Grad erwärmen, Wolle einlegen, 1 Stunde zwischen 40 und 50 Grad ziehen lassen, über Nacht im Pottaschebad auskühlen lassen, spülen.

Rezept 3: *Grüngrau*

1000 g frische Brombeertriebe
500 g Wolle

Vorbeize: 120 g Alaun, 30 g Weinsteinrahm, 1 Stunde.

Färben: Dem Farbsud 50 g gelöstes Eisensalz zusetzen, gut umrühren, auf 40 Grad erwärmen, Wolle einlegen, 1 Stunde sanft kochend färben, waschen, spülen.

Rezepte mit Brombeeren

Sud: Reife Beeren etwa ½ Stunde gut durchkochen, durch ein Tuch seihen, das Tuch als Säckchen zusammenbinden und in den Farbsud hängen.

Rezept 1: *Zartlila, waschecht, nicht lichtecht*

1500 g Brombeeren
500 g Wolle

Vorbeize: 70 g Alaun, 30 g Weinsteinrahm, 20 g Seesalz, 1 Stunde.

Färben: Die Wolle in dem Farbsud sehr langsam bis auf 70 Grad erwärmen, nicht kochen, über Nacht auskühlen lassen. Am nächsten Morgen Wolle herausnehmen, 1 Tasse Apfelessig zugeben, die Wolle wieder einlegen, ½ Stunde in dem Essigfarbbad liegen lassen, waschen, spülen.

Rezepte mit Brombeerwurzeln

Sud: Die getrockneten, gut gereinigten Wurzeln sehr fein zerkleinern, 1 Nacht einweichen, 2 Stunden kochen, über Nacht auskühlen lassen, abseihen, im Mullsack in den Farbsud hängen.

Rezept 1: *Braunschwarz*

1000 g Brombeerwurzeln
500 g Wolle

Vorbeize: 10 g Chromkali, 1 Stunde.

Färben: 1 Stunde sanft kochend, Wolle herausnehmen, dem Farbbad 50 g gelöstes Eisensalz zusetzen, abkühlen lassen, Wolle wieder einlegen, ½ Stunde sanft kochend weiterfärben, waschen, spülen.

Rezept 2: *Braungrau, hell*
im selben Sud
500 g Wolle
Vorbeize: 10 g Chromkali, 10 g Weinsteinsäure, 1 Stunde.
Färben: 1 Stunde sanft kochend, waschen, spülen.

Butternuß – *Juglans cinerea*

Die Butternuß stammt aus Amerika und ist als Frucht ungenießbar. Man findet die Bäume bei uns nur in Parks und botanischen Gärten, wo man die Nüsse sicher einsammeln darf. Es färbt die ganze Nuß mit der grünen Schale, ähnlich wie die grünen Schalen der Walnuß.

Sud: Frische grüne Butternüsse in Regenwasser legen und darin 24 Stunden ziehen lassen.

Rezept 1: *Orangebraun*
2000 g Butternüsse
500 g trockene, gewaschene Wolle
Kaltfärbung: Die Wolle in dem kalten Butternußsud ganz untertauchen, mit einem Deckel abdecken, 72 Stunden ruhen lassen. Wolle herausnehmen – sie ist jetzt hell-orangebraun –, an der Luft trocknen, dabei wird sie etwas dunkler, waschen, spülen.

Rezept 2: *Mittelbraun*
Nußschalensud vom vorigen Rezept
500 g trockene, gewaschene Wolle
Färben: Den Sud in einem Kupferkessel 1½ Stunden kochen, auskühlen lassen, abseihen. Wolle in den Farbsud einlegen, 1 Stunde sanft kochend färben, waschen, spülen.

Rezept 3: *Schwarzbraun*

im selben Farbsud
500 g Wolle
20 Tropfen Indigopaste

Vorbeize: 100 g Alaun, 1 Stunde.

Färben: Die Hälfte des Beizbades wegschütten, mit kaltem Wasser auffüllen, die Indigopaste tropfenweise zugeben, gut verrühren, Wolle 1 Stunde sanft kochend färben, herausnehmen, trocknen lassen. Dann im Farbsud vom vorigen Rezept 1 Stunde sanft kochend weiterfärben, waschen, spülen.

Butternußfärbungen sind ganz besonders farbecht.

Cochenille – *coccus cacti*

Die Cochenille ist eine ursprünglich aus Mexiko stammende Schildlaus. Heute wird sie hauptsächlich auf großen Kakteenplantagen auf Las Palmas und Lanzarote gezogen. Die Cochenille hat seit dem 18. Jahrhundert die Kermeslaus, die bis dahin in Europa den besten roten Farbstoff lieferte, verdrängt. Leider ist sie sehr kostbar geworden. Man benötigt ca. 70 000 getrocknete Schildläuse, um 500 g Farbstoff zu gewinnen. Nur der kosmetischen Industrie, die sie zur Herstellung einiger Präparate verwendet, ist es zu verdanken, daß sie überhaupt noch gezogen wird.

Man kauft die Cochenille am besten als silbergraue, getrocknete Laus und pulverisiert sie selbst, um Farbstoff-Fälschungen vorzubeugen.
Die Farbe ist sehr ergiebig und lohnt immer eine Nachfärbung.

Sud: Die Cochenille in einem Mörser sehr fein stoßen, mit Wasser und, wenn im Rezept angegeben, mit Weinsteinsäure zu einem Brei verrühren und über Nacht stehen lassen. Am nächsten Tag den Brei mit wenig Wasser verdünnen und in die zum Färben nötige Menge Wasser geben. Das Bad zum Kochen bringen, 15 Minuten sprudelnd kochen, vom Feuer nehmen, auskühlen lassen. Mit einem Papiertuch die harzige Schicht am Rande entfernen und die feine harzige Haut auf dem Farbbad ablöschen. Diese harzigen Rückstände des Läusepanzers bilden sonst unangenehme Flecken auf der Wolle. Die

Wolle bei Cochenille-Färbungen immer an Stöcken hängend im Farbbad umziehen, damit sie die Farbe gleichmäßig annimmt. Nach 20 Minuten kann man die Wolle in das Farbbad fallen lassen und, je nach Rezept, sanft kochend weiterfärben.

Das Ergebnis der sorgfältigen Bereitung der Cochenillebäder sind leuchtend schöne und unverwüstlich echte rote Farbtöne.

Rezept 1: *Karminrot*

75 g Cochenille
30 g Weinsteinsäure
500 g Wolle

Vorbeize: 50 g Weinsteinrahm, 1½ Stunden.

Färben: 20 Minuten an Stöcken hängend umziehen, fallen lassen, ¾ Stunde sanft kochend färben, sehr gut spülen.

Rezept 2: *Karminrot, hell*

im selben Farbsud
250 g Wolle

Vorbeize: 25 g Weinsteinrahm, 1½ Stunden.

Färben: Wie vordem.

Rezept 3: *Karminrot, dunkel*

40 g Cochenille
500 g Wolle

Vorbeize: 80 g Weinsteinsäure, 1 Stunde.

Färben: Wie vordem.

Rezept 4: *Rot, hell*

im selben Sud
250 g Wolle

Vorbeize: 40 g Weinsteinsäure, 1 Stunde.

Färben: Wie vordem.

Rezept 5: *Karminrot, sehr kräftig und leuchtend*

30 g Cochenille
20 g Weinsteinsäure
500 g Wolle

Vorbeize: 100 g Alaun, 100 g Weinsteinrahm, 100 g Weizenkleie in 2 l Wasser anrühren, 5 l Wasser dazugeben, zum Kochen bringen und mit 7 l kaltem Wasser auffüllen, Wolle einlegen, 1 Stunde kochend beizen, auskühlen lassen. Wolle herausnehmen und die Weizenkleie ausschütteln.

Färben: Wie Rezept 1.

Dieses Rezept eignet sich nicht für Vlieswolle, da die Weizenkleie sich nicht aus der ungesponnenen Wolle schütteln läßt.

Rezept 6: *Cyclam*

im selben Farbsud
250 g Wolle

Vorbeize: 50 g Alaun, 35 g Weinsteinrahm, 1 Stunde.

Färben: Wie vordem.

Rezept 7: *Tiefviolett*

70 g Cochenille
500 g Wolle

Vorbeize: 100 g Weinsteinrahm, 35 g Eisensalz, 1 Stunde.

Färben: 20 Minuten an Stöcken hängend umziehen, fallen lassen, 1½ Stunden sanft kochend färben, waschen, sehr gut spülen.

Rezept 8: *Hell-Lila*

im selben Farbsud
500 g Wolle

Vorbeize: 100 g Weinsteinrahm, 35 g Eisensalz, 1 Stunde.

Färben: Wie vordem.

Rezept 9: *Purpur*

50 g Cochenille
500 g Wolle

Vorbeize: 10 g Chromkali, ½ Stunde.

Färben: 20 Minuten an Stöcken hängend umziehen, fallen lassen, ¾ Stunde sanft kochend färben, Wolle herausnehmen, 1 Tasse Apfelessig zusetzen, Wolle wieder einlegen, 10 Minuten stabilisieren, gut spülen.

Rezept 10: *Hellpurpur*

im selben Farbsud
500 g Wolle

Vorbeize: 5 g Chromkali, ½ Stunde.

Färben: 20 Minuten an Stöcken hängend umziehen, fallen lassen, 1 Stunde sanft kochend färben, waschen, spülen.

Rezept 11: *Scharlachrot*

50 g Cochenille
500 g Wolle

Vorbeize: Keine.

Färben: Wie Rezept 1, dann Wolle herausnehmen, dem Farbbad 10 g Zinnsalz und 20 g Weinstein roh zusetzen, gut umrühren, Wolle wieder einlegen, 30 Minuten sanft kochend weiterfärben, waschen, spülen.

Rezept 12: *Mittelrot*

im selben Farbsud
250 g Wolle

Vorbeize: 20 g Alaun, 10 g Weinsteinrahm, 1 Stunde.

Färben: 20 Minuten an Stöcken hängend umziehen, fallen lassen, 1 Stunde sanft kochend färben, waschen, sehr gut spülen.

Rezept 13: *3 Schattierungen von Kardinalrot*

a) 30 g Cochenille
500 g Wolle

Vorbeize: 10 g Alaun, 30 g Weinsteinsäure, 1 Stunde.

Färben: 20 Minuten an Stöcken hängend umziehen, fallen lassen, 1 Stunde sanft kochend färben, waschen, sehr gut spülen.

b) 20 g Cochenille
500 g Wolle

Vorbeize: 60 g Alaun, 60 g Weizenkleie, 1 Stunde.

Färben: 20 Minuten an Stöcken hängend umziehen, fallen lassen, ¾ Stunde sanft kochend färben, waschen, sehr gut spülen.

c) 10 g Cochenille
500 g Wolle

Vorbeize: 60 g Alaun, 1 Stunde.

Färben: 60 g Weinsteinsäure nach dem Abschäumen im Farbsud verrühren, 20 Minuten an Stöcken hängend umziehen, fallen lassen, 1 Stunde sanft kochend färben, waschen, sehr gut spülen.

Rezept 14: *Kardinalrot, sehr dunkel*

120 g Cochenille
90 g Weinsteinrahm
90 g Salpetersäure
8 g Zinnsalz
500 g Wolle

Vorbeize: Keine.

Färben: Nach dem Abschäumen dem Farbsud Salpetersäure und Zinnsalz zusetzen, gut verrühren. 20 Minuten an Stöcken hängend umziehen, fallen lassen, 1 Stunde sanft kochend färben, waschen, spülen.

Rezept 15: *Erdbeerrot*

im selben Farbsud
500 g Wolle

Vorbeize: Keine.

Färben: Wie vordem.

Rezept 16: *Purpur*

90 g Cochenille
90 g Weinsteinrahm
60 g Salpetersäure
8 g Zinnsalz
500 g Wolle

Vorbeize: Keine.

Färben: Wie in Rezept 14.

Rezept 17: *Purpur, hell*

im selben Farbsud
500 g Wolle

Vorbeize: Keine.

Färben: Wie vordem.

Rezept 18: *Rot, strahlend leuchtend*

30 g Cochenille
90 g Weinsteinsäure
90 g Salpetersäure
15 g Zinnsalz

Vorbeize: Keine.

Färben: Wie in Rezept 14.

Rezept 19: Lachsrot

im selben Farbsud
500 g Wolle

Vorbeize: Keine.

Färben: Wie vordem.

Rezept 20: *Violett*

30 g Cochenille
500 g Wolle
10 ccm Indigopaste

Vorbeize: 100 g Alaun, 1 Stunde.

Färben: Die Hälfte des Beizbades wegschütten und mit kaltem Wasser auffüllen, die Indigopaste tropfenweise zugeben, 1 Stunde sanft kochend färben, Wolle herausnehmen und im vorbereiteten Cochenillebad ½ Stunde sanft kochend weiterfärben, waschen, spülen.

Rezept 21: *Violett, hell*

im selben Farbsud
500 g Wolle
5 ccm Indigopaste

Vorbeize: 100 g Alaun, 1 Stunde.

Färben: Wie in Rezept 20.

Rezept 22: *Rotviolett*

80 g Cochenille
500 g Wolle
10 ccm Indigopaste

Vorbeize: 100 g Alaun, 1 Stunde.

Färben: Wie in Rezept 20.

Rezept 23: *Rotviolett, hell*

im selben Sud
500 g Wolle
5 ccm Indigopaste

Vorbeize: 100 g Alaun, 1 Stunde.

Färben: Wie in Rezept 20.

Eiche – *Quercus*

Obgleich die Eichenwälder zwar seltener geworden sind, bekommt man Eichenrinde in fast jeder Sägemühle. Bei der Eiche färbt, wie bei allen Rinden, nicht die borkige, sondern die darunterliegende farbige Bastschicht, und zwar sehr intensiv. Gemahlen ist die Rinde sehr viel farbergiebiger als in Stücken.

Sud: Die gut zerkleinerte Rinde 2–3 Tage einweichen, im Kupferkessel 2–3 Stunden kochen, über Nacht auskühlen lassen, abseihen. Beim Eichenrindenpulver erübrigt sich das Einweichen.

Rezept 1: *Gelb, leuchtend kräftig*
2500 g Eichenrinde
500 g Wolle
Vorbeize: 65 g Alaun, 1 Stunde, 3 Tage feucht lagern.
Färben: 1 Stunde sanft kochend, spülen.

Rezept 2: *Bronzebraun*
im selben Farbsud
500 g Wolle.
Vorbeize: Keine.
Färben: 1–2 Stunden sanft kochend, Wolle herausnehmen, dem Farbbad 40 g gelöstes Kupfersalz zusetzen, gut umrühren, Wolle wieder einlegen, ½ Stunde sanft kochend weiterfärben, waschen, spülen.

Rezept 3: *Khakibraun*
2500 g Eichenrinde
500 g Wolle
Vorbeize: Keine.
Färben: 2 Stunden sanft kochend, spülen.

Rezept 4: *Grauolive*

im selben Farbsud

500 g Wolle

Vorbeize: Keine.

Färben: 2 Stunden sanft kochend, Wolle herausnehmen, dem Farbbad 80 g gelöstes Eisensalz zusetzen, gut umrühren, Wolle wieder einlegen, ½ Stunde sanft kochend weiterfärben, waschen, spülen.

Erle – *Alnus glutinosa*

Überall im nördlichen Europa auf Feuchtwiesen und an Fluß- und Bachufern können wir Erlen finden. Rinde und Laub kann man zum Färben verwenden. Die innere Rinde färbt besonders echt und haltbar. Am besten sammelt man sie im Februar/März von gefällten Bäumen. Sie läßt sich getrocknet lange aufbewahren. Die Erlenblätter kann man fast den ganzen Sommer über pflücken, frisch verbrauchen, aber auch gut getrocknet aufbewahren.

Rezepte von Erlenblättern

Sud: Die Blätter einweichen, 1–2 Stunden kochen, über Nacht auskühlen lassen, abseihen, ausdrücken.

Rezept 1: *Grüngelb*

2000 g frische Erlenblätter

500 g Wolle

Vorbeize: 80 g Alaun, 1 Stunde.

Färben: 1 Stunde sanft kochend, spülen.

Rezept 2: *Braungelb*

2000 g frische Erlenblätter

500 g Wolle

Vorbeize: 30 g Kupfersalz, 1 Stunde.

Färben: 1 Stunde sanft kochend, waschen, spülen.

Rezepte mit Erlenrinde

Sud: Die innere Rinde zerkleinern, 2–3 Tage einweichen, 2–3 Stunden kochen, über Nacht im Sud auskühlen lassen, abseihen.

Rezept 1: *Khaki*

3000 g Erlenrinde
500 g Wolle

Vorbeize: 60 g Alaun, 1 Stunde.

Färben: 1 Stunde sanft kochend, spülen.

Rezept 2: *Goldbraun*

im selben Farbsud
500 g Wolle

Vorbeize: 10 g Chromkali, 1 Stunde.

Färben: 1 Stunde sanft kochend, waschen, spülen.

Rezept 3: *Hellgrau*

im selben Farbsud
500 g Wolle

Vorbeize: Keine.

Färben: Dem Farbsud 50 g gelöstes Eisensalz zusetzen, gut umrühren, 1 Stunde sanft kochend färben, waschen, spülen.

Rezept 4: *Schwarz*

2000 g Erlenrinde
500 g Wolle

Vorbeize: 60 g Alaun, 1 Stunde.

Färben: 1 Stunde sanft kochend, Wolle herausnehmen, dem Farbbad 20 g Gallapfelpulver und 60 g gelöstes Eisensalz zusetzen, gut umrühren, auf 40 Grad abkühlen lassen, Wolle wieder einlegen, zum Kochen bringen, ½ Stunde sanft kochend weiterfärben, waschen, spülen.

Rezept 5: *Hellbraun*

5000 g Erlenrinde
30 g reines Soda – gleich dem Weichwasser zusetzen
500 g Wolle

Vorbeize: 30 g Alaun, 1 Stunde.

Färben: 1 Stunde sanft kochend, spülen.

Rezept 6: *Schwarzbraun*

im selben Farbsud
500 g Wolle

Vorbeize: 30 g Kupfersalz, 1 Stunde.

Färben: 1–2 Stunden sanft kochend, waschen, spülen.

Rezept 7: *Graubraun*

im selben Farbsud
500 g Wolle

Vorbeize: 30 g Kupfersalz, 1 Stunde.

Färben: 1–2 Stunden sanft kochend, waschen, spülen.

Espe – Zitterpappel – *Populus tremula*

Ein anspruchsloser, häufig im flachen Land vorkommender Baum, auf leicht sandigen Böden. Es färben Blätter und Rinden. Die Blätter kann man im frühen Sommer ernten und frisch gebrauchen oder trocknen. Die Rinden sammelt man im Februar/März nach dem Baumschlag.

Sud: Den Blättersud wie bei Birkenlaub bereiten.

Rezept 1: *Grüngelb*

1000 g getrocknete Espenblätter
500 g Wolle

Vorbeize: 100 g Alaun, 1 Stunde.

Färben: 1 Stunde sanft kochend, spülen.

Rezept 2: *Moosgrün*
im selben Farbsud
500 g Wolle

Vorbeize: 65 g Alaun, 1 Stunde.

Färben: 1 Stunde sanft kochend, Wolle herausnehmen, dem Farbbad 20 g gelöstes Eisensalz zusetzen, gut umrühren, Wolle wieder einlegen, ½ Stunde sanft kochend weiterfärben, waschen, spülen.

Sud von Rinden: Die Rinden gut zerkleinern, 2–3 Tage möglichst im Kupferkessel in Regenwasser einweichen, einige Stunden kochen, über Nacht auskühlen lassen, abseihen.

Rezept 3: *Hellrötlich*
1000 g Espenrinden
500 g Wolle

Vorbeize: 65 g Alaun, 1 Stunde.

Färben: 1 Stunde sanft kochend, Wolle herausnehmen, trocknen ohne zu spülen. Am nächsten Tag die Wolle in dasselbe Farbbad wieder einlegen, 1 Stunde nachfärben, spülen.

Rezept 4: *Graurötlich*
im selben Farbsud
500 g Wolle

Vorbeize: 65 g Alaun, 1 Stunde.

Färben: 1 Stunde sanft kochend, Wolle herausnehmen, dem Farbbad 20 g gelöstes Eisensalz zusetzen, gut umrühren, Wolle wieder einlegen, ½ Stunde sanft kochend weiterfärben, waschen, spülen.

Färberscharte – *Seratula tinctoria*

In Laub- und Mischwäldern, auf nassen Wiesen und lehmigem Boden kommt die Färberscharte nicht sehr häufig, wenn aber sehr reichlich vor. Sie ist seit Jahrhunderten als Färbepflanze bekannt. Der gelbe Farbstoff befindet sich in den Blättern. Man schneidet die ganze Pflanze, ohne Wurzeln, Anfang Juli kurz vor der Blüte, und trocknet sie.

Sud: Die getrockneten Pflanzen zerkleinern, 24 Stunden einweichen, 1–2 Stunden kochen, im Farbsud auskühlen lassen, abseihen.

Rezept 1: *Gelb*

500 g Färberscharte
500 g Wolle

Vorbeize: 65 g Alaun, 1 Stunde.

Färben: 1 Stunde sanft kochend, spülen.

Rezept 2: *Messinggelb*

1000 g Färberscharte
500 g Wolle

Vorbeize: Keine.

Färben: 1 Stunde sanft kochend, Wolle herausnehmen, dem Farbbad 50 g gelöstes Kupfersalz zusetzen, gut umrühren, Wolle wieder einlegen, ½ Stunde sanft kochend weiterfärben, waschen, spülen.

Rezept 3: *Braungelb*

1000 g Färberscharte
500 g Wolle

Vorbeize: 10 g Chromkali, 1 Stunde.

Färben: 1 Stunde sanft kochend, waschen, spülen.

Rezept 4: *Olivgrün*

1000 g Färberscharte
500 g Wolle

Vorbeize: 50 g Alaun, 1 Stunde.

Färben: 1 Stunde sanft kochend, Wolle herausnehmen, dem Farbbad 30 g gelöstes Eisensalz zusetzen, gut umrühren, Wolle wieder einlegen, ½ Stunde sanft kochend weiterfärben, waschen, spülen.

Meine Großmutter färbte mit Färberscharte nach folgendem Rezept ein kräftiges Gelb:

500 g Färberscharte, getrocknet und kleingeschnitten
500 g Wolle, gewaschen und getrocknet
100 g Alaun

Eine Schicht kleingeschnittene Scharte in den Farbkessel legen, die Wolle darauf tun, eine weitere Schicht Färberscharte darüber decken, 100 g Alaun darüber streuen, reichlich mit kaltem Regenwasser bedecken, 2 Stunden stehen lassen. Dann ganz langsam auf 50 Grad erwärmen und erst nach 2 Stunden zum Kochen bringen. 1 Stunde sanft kochen lassen, vom Feuer nehmen, völlig auskühlen lassen, herausnehmen und spülen.
Eine Lauge aus Grüner Seife und 20 g Pottasche bereiten, die Wolle kräftig darin waschen und gut spülen.

Farnkraut

Die verschiedensten Farnarten kommen reichlich in Laub- und Nadelwäldern vor. Am häufigsten findet man den Adlerfarn – Pteridium aquilinum –, doch auch alle anderen Farnarten färben gut. Man schneidet das vollentwickelte Kraut im Juli/August, das getrocknet am besten färbt.

Sud: Das Farnkraut mit den Stengeln zerkleinern, 1 Nacht einweichen, 2 Stunden kochen, auskühlen lassen, abseihen.

Rezept 1: *Grüngelb*
2000 g getrocknetes Farnkraut
500 g Wolle

Vorbeize: 120 g Alaun, 1 Stunde.

Färben: 1 Stunde sanft kochend, im Farbbad auskühlen lassen, spülen.

Rezept 2: *Gelbbraun*
im selben Farbsud
500 g Wolle

Vorbeize: 20 g Chromkali, 1 Stunde.

Färben: 1 Stunde sanft kochend, spülen.

Faulbaum – *Rhamnus frangula*

Der Faulbaum wächst überall in Nordeuropa in den Wäldern und an Wegesrändern. Die Faulbaumrinde, die den Farbstoff abgibt, wird auch als Heilmittel gebraucht. Sie ist für den Naturfärber mühsam zu beschaffen. Es ist daher ratsam, Faulbaumrinde im Kräuterhaus zu kaufen.
Man kann auch mit Faulbaumbeeren, die schwach giftig sind, färben. Sie werden vollreif und pechschwarz geerntet und frisch verbraucht.

Sud: Die Rindenspäne 1–2 Tage im Kupferkessel gut einweichen, 2–3 Stunden kochen, auskühlen lassen, abseihen.

Rezept 1: *Sandbraun, kräftig*

500 g Faulbaumrinde
800 g Wolle

Direktbeize: 100 g Alaun.

Färben: 1 Stunde sanft kochend, im Farbbad auskühlen lassen, eine Hälfte der Wolle ungespült trocknen, die andere Hälfte spülen und trocknen.

Rezept 2: *Rotbraun, kräftig*

10 l Wasser
50 g Pottasche
400 g Wolle, aus der Färbung Rezept 1

Färben: Ein Pottaschebad bereiten, auf 40 Grad erwärmen, die ungespülte, getrocknete Wolle einlegen, 6 Stunden zwischen 40–50 Grad halten, über Nacht im Farbbad auskühlen lassen, gründlich spülen.

Rezept 3: *Sandfarben*

im Farbsud von Rezept 1
1000 g Wolle

Direktbeize: 100 g Alaun.

Färben: 1 Stunde sanft kochend, im Farbbad auskühlen lassen, eine Hälfte spülen und trocknen, die zweite Hälfte für Rezept 4 verwenden.

Rezept 4: *Rötlichbraun*

Dem Restfarbsud vom vorigen Rezept 40 g gelöstes Eisensalz zusetzen, gut umrühren, auf 40 Grad abkühlen lassen, die zweite Hälfte der sandfarbenen Wolle von Rezept 3 darin ½ Stunde sanft kochend färben, waschen, spülen.

Rezepte mit Faulbaumbeeren

Sud: Die Beeren 1 Stunde sprudelnd kochen, in ein Tuch abseihen, das Tuch mit den Beeren kräftig ausdrücken und in das Farbbad hängen.

Rezept 1: *Blaugrau, nicht lichtecht*

500 g Faulbaumbeeren
500 g Wolle

Vorbeize: 125 g Alaun, 60 g Weinsteinrahm, 1 Stunde, 3 Tage feucht lagern.

Färben: 1 Stunde bei 80 Grad, Wolle herausnehmen, dem Farbbad 1 Tasse Apfelessig zugeben, Wolle wieder einlegen, ½ Stunde sanft kochend weiterfärben, spülen.

Feige – *Ficus carica*

Feigenbäume wachsen im südlichen Europa wild, in Nordeuropa finden wir sie an geschützten, sonnigen Stellen angepflanzt. Die vollentwickelten Blätter kann man zwischen Mai und Juli pflücken. Sie können frisch und getrocknet verwendet werden. Beim Bereiten des Farbsudes zieht ein lieblicher Duft durch das Haus.
Sud: Frische Feigenblätter kleinschneiden, getrocknete zwischen den Händen zerkrümeln. Einige Stunden einweichen, 1 Stunde kochen, im Farbsud abkühlen lassen, abseihen.

Rezept 1: *Goldbeige*

1000 g getrocknete Feigenblätter
500 g Wolle

Vorbeize: 65 g Alaun, 30 g Weinsteinrahm, 1 Stunde.

Färben: Bei 40 Grad die Wolle einlegen, zum Kochen bringen, 1 Stunde sanft kochend färben, spülen.

Rezept 2: Braungold, hell

im selben Farbsud

300 g Wolle

Vorbeize: Keine.

Färben: Dem Farbsud 50 g gelöstes Kupfersalz und 50 g Alaun zusetzen, gut umrühren, 1 Stunde sanft kochend färben, waschen, spülen.

Rezept 3: Goldbraun, dunkel

im selben Farbsud

300 g Wolle, goldbeige, aus Rezept 1

Vorbeize: Keine.

Färben: 1 Stunde sanft kochend, waschen, spülen.

Rezept 4: *Hellgrün*

im selben Farbsud

500 g Wolle

1 ccm Indigopaste

Vorbeize: 60 g Alaun, 1 Stunde.

Färben: Dem Beizbad die Indigopaste tropfenweise zugeben, gut verrühren, 1 Stunde sanft kochend färben, Wolle herausnehmen, auskühlen lassen. Wolle in den Restfarbsud der vorigen Rezepte wieder einlegen, 1 Stunde sanft kochend weiterfärben, waschen, spülen.

Flechten

Das Färben mit Flechten ist seit frühgeschichtlichen Zeiten bekannt. Es gibt sehr viele verschiedene Flechtenarten, mit denen man Versuche machen sollte. Die Flechten färben auch ohne Beize sehr farbecht, wobei Felsenflechten intensivere Farbtöne als Baumflechten ergeben.

Einen großen Reichtum an Felsenflechten findet man an den felsigen Küsten Norwegens, Schwedens, Dänemarks, der Bretagne, Irlands und Schottlands. Die irischen Stoffe haben durch die Flechtenfärbung ihren unverkennbaren, typischen Farbton.

Man kann das ganze Jahr über Flechten von Felsen und Bäumen lösen. Besonders nach Nebel- und Regentagen lassen sie sich leicht entfernen. Man sollte dabei aber behutsam vorgehen und nur die wirklich benötigte Menge Flechten sammeln, da sie sehr langsam nachwachsen. Gut gereinigt und getrocknet sind Flechten fast unbegrenzt haltbar. Die Farben variieren bei gleichen Flechten je nach dem Fundort.
Alle folgenden Flechtenrezepte sind für das Färben mit Vlieswolle nicht geeignet, da sich die Rückstände nur schwer ausschütteln und entfernen lassen.

Rentierflechte – *Cetaria islandica*

Wächst fast unerschöpflich in Heidegebieten, reichlich auf den Nordfriesischen Inseln, wo sie früher zum Räuchern von Fischen benutzt wurde.

Sud: Die Flechten gut von Sand und Erde reinigen, einweichen, 2 Stunden kochen, auskühlen lassen und abseihen.

Rezept 1: *Braun*

1000 g Rentierflechte
500 g gewaschene, feuchte Wolle

Vorbeize: Keine.

Färben: Wolle und abgeseihte Flechten lagenweise in einem großen Kupferkessel schichten, den Farbsud darübergießen, bis alles gut bedeckt ist. 4–6 Stunden bei 60 Grad halten, auskühlen lassen. Am nächsten Tag wieder auf 60 Grad erwärmen und 4–6 Stunden bei dieser Temperatur halten. Am dritten Tag zum Kochen bringen, 1 Stunde kochen, über Nacht auskühlen lassen. Wolle herausnehmen, Flechtenrückstände ausschütteln, waschen, spülen.

Rezept 2: *Olivgrün*

1000 g Rentierflechte
500 g gewaschene, feuchte Wolle

Vorbeize: Keine.

Färben: Dem Farbsud 50 g gelöstes Kupfersalz zusetzen, gut umrühren, ½ Stunde sanft kochend färben, waschen, spülen.

Beide Rezepte sind sehr farbecht.

Astflechte – *Parmelia physodes*

Die Astflechte kann man besonders gut im Winter an feuchten Tagen in den Wäldern sammeln. Sie ist oft reichlich an totem Holz zu finden.

Sud: Getrocknete Astflechte einweichen, 1 Stunde kochen, abseihen.

Rezept 1: *Hellgelb*
500 g Astflechte
500 g Wolle

Vorbeize: 80 g Alaun, 1 Stunde.

Färben: 1 Stunde sanft kochend, spülen.

Rezept 2: *Hellbraun*
1000 g getrocknete Astflechte
500 g trockene Wolle

Vorbeize: 80 g Alaun, 1 Stunde.

Färben: Wolle und Astflechten lagenweise im Kupferkessel schichten, mit Wasser bedecken, 2 Stunden bei 60–70 Grad halten, auskühlen lassen. Den Vorgang des Erwärmens und Ziehenlassens wiederholen – oft bis zu dreimal –, bis der gewünschte Farbton erreicht ist. Dann 10 Minuten kochend färben, auskühlen lassen. Wolle herausnehmen, Flechtenrückstände ausschütteln, waschen, spülen.

Bartflechte – *Usnea barbata*

Eine feine, resedagrüne Astflechte, besonders im Hochgebirge an Tannen und Lärchen zu finden und das ganze Jahr über nach Regenfällen gut zu sammeln.

Rezept 1: *Goldbraun, kräftig*
500 g getrocknete Bartflechte
500 g trockene Wolle

Vorbeize: Keine.

Färben: Wolle und Flechten lagenweise im Kupferkessel schichten, mit Wasser bedecken, 1–2 Stunden sanft kochend färben, auskühlen lassen. Wolle herausnehmen, Flechtenrückstände ausschütteln, waschen, spülen.

Rezept 2: *Rotbraun, hell*

500 g getrocknete Bartflechte
500 g trockene Wolle

Vorbeize: 60 g Alaun, 1 Stunde.

Färben: Wie in Rezept 1.

Lärchenflechte – *Evernia vulpina*

Eine reichlich an Lärchen vorkommende Astflechte, bei Feuchtigkeit sammeln.

Rezept 1: *Braungelb*

500 g getrocknete Lärchenflechte
500 g trockene Wolle

Vorbeize: Keine.

Färben: Wolle und Flechten lagenweise im Kupferkessel schichten, mit Wasser bedecken, 1–2 Stunden bei 70 Grad färben, auskühlen lassen. Um ein kräftiges Braun zu erhalten, den Vorgang mehrere Male wiederholen. Bei Erhalt der gewünschten Farbe Wolle im Farbbad auskühlen lassen, Wolle herausnehmen, Flechtenrückstände ausschütteln, waschen, spülen.

Rezept 2: *Lindgrün*

1000 g getrocknete Lärchenflechte
500 g trockene Wolle

Vorbeize: 30 g Kupfersalz, 1 Stunde, trocknen.

Färben: Wolle und Flechten lagenweise im Kupferkessel schichten, mit Wasser bedecken, einige Stunden bei 70 Grad färben, auskühlen lassen. Wolle herausnehmen, Flechtenrückstände ausschütteln, waschen, spülen.

Haarflechte – *Alectoria sarmentosa*

Eine sehr feinnetzige, dunkelgraue Baumflechte, die reichlich vorkommt und das ganze Jahr über nach Regen gesammelt werden kann.

Rezept 1: *Hellbraun*

500 g getrocknete Haarflechte
500 g trockene Wolle

Vorbeize: Keine.

Färben: Wolle und Flechten lagenweise im Kupferkessel schichten, mit Wasser bedecken, 1–2 Stunden bei 70 Grad färben, 10 Minuten kräftig kochen, Wolle herausnehmen, Flechtenrückstände ausschütteln, waschen, spülen.

Rezept 2: *Grüngelb*

500 g getrocknete Haarflechte
500 g trockene Wolle

Vorbeize: 80 g Alaun, 1 Stunde.

Färben: Wolle und Flechten lagenweise im Kupferkessel schichten, mit Wasser bedecken, 1–2 Stunden bei 80 Grad färben. Wolle herausnehmen, Flechtenrückstände ausschütteln, waschen, spülen.

Rezept 3: *Rotbraun, kräftig*

500 g getrocknete Haarflechte
500 g getrocknete Bartflechte
500 g trockene Wolle

Vorbeize: Wolle und Flechten lagenweise im Kupferkessel schichten, mit Wasser bedecken. Einige Stunden zwischen 70 bis 80 Grad färben, auskühlen lassen, evtl. noch einmal erwärmen, bis der gewünschte Farbton erreicht ist. Wolle herausnehmen, Flechtenrückstände ausschütteln, waschen, spülen.

Steinschlüsselflechte – *Parmelia omphales oder saxatilis*

Eine orangefarbige, breitbasig aufliegende Flechte, die man reichlich auf Küstenfelsen findet. Sie läßt sich nur bei großer Feuchtigkeit von den Felsen entfernen.

Rezept 1: *Braun – Rotbraun – Orange*

1000 g saubere, trockene Steinschlüsselflechte
500 g trockene Wolle

Vorbeize: Keine.

Färben: Wolle und Flechten lagenweise im Kupferkessel schichten, mit Regenwasser bedecken, 1 Tag stehen lassen, 1–2 Stunden sanft kochend färben, 1 weiteren Tag stehen lassen, 1–2 Stunden sanft kochend weiterfärben. Den Vorgang so oft wiederholen, bis der gewünschte Farbton erreicht ist. Wolle herausnehmen, Flechtenrückstände ausschütteln, waschen, spülen.

Flechtenpräparate

Nabelflechte – *Umbilicaria*

Die Umbilicaria ist wohl die am langsamsten wachsende Flechtenart. Sie braucht ca. 40 Jahre um voll auszuwachsen. Die Nabelflechte nährt sich von Algen auf Felsen und fällt, wenn sie ausgewachsen ist, vom Felsen ab. Sie ist sehr schwer zu erreichen, eine Rarität, die auch nicht käuflich zu erwerben ist. Aber vielleicht haben Sie einmal das Glück, Nabelflechten zu finden, und deshalb möchte ich den etwas langwierigen Prozeß der Gewinnung des Flechtenpulvers beschreiben:

Um 500 g Wolle färben zu können, braucht man 60 g frische Umbilicaria. Die Flechte sorgfältig vom anhaftenden Schmutz befreien, in einem Mörser sehr fein stoßen, in ein kleines Weckglas geben und mit etwa ¼ l geklärtem Menschenurin begießen. Das gut verschlossene Glas an einen dunklen Ort stellen und täglich einmal umrühren. Durch den Gärungsvorgang mit dem Urin löst sich die Flechte auf und es entsteht eine dunkle Flüssigkeit. Nach dem Auflösen der Flechte den Deckel vom Glas nehmen und die Flüssigkeit ver-

dunsten lassen. Das dauert manchmal 4 Wochen und riecht nicht gerade angenehm.
Das rötliche, auf dem Grund des Glases liegende Pulver ist unser Farbstoff.

Rezept 1: *Blaurötlich, nicht lichtecht*
60 g Flechtenpulver
500 g Wolle
Vorbeize: Keine.
Färben: Das Pulver in der zum Färben nötigen Menge Wasser auflösen, Wolle einlegen, langsam erwärmen, 30 Minuten bei 80 Grad halten, bis zum nächsten Tag im Farbbad auskühlen lassen, spülen.

Rezept 2: *Hellrosa, bläulich*
im selben Farbsud
250 g Wolle
Vorbeize: 35 g Alaun, 1 Stunde.
Färben: 1 Stunde sanft kochend, vom Feuer nehmen, Wolle herausnehmen, 1 Tasse Apfelessig zugeben, Wolle wieder einlegen, auskühlen lassen, am nächsten Tag spülen.

Die Flechten Orseille und Cudbear

sind käuflich zu erwerben. Das Farbpulver wird nach dem gleichen Verfahren wie bei der Nabelflechte hergestellt.
Diese roten Flechtenfarben eignen sich mehr zum Nuancieren von roten und orangenen Färbungen mit Krapp und Cochenille, als zum direkten Färben. Für nicht so wertvolle Textilarbeiten gibt Cudbear eine wunderschöne Färbung. Man sollte es ruhig einmal probieren, da die Tönungen von Cudbear zwar nicht ganz lichtecht, aber doch waschecht sind.

Rezept 1: *Rötlichblau*
60 g Cudbearpulver
500 g Wolle
Vorbeize: 80 g Alaun, 1 Stunde, vor dem Färben einmal spülen.

Färben: Dem Farbsud 30 g Weinsteinsäure zusetzen, gut umrühren, Wolle einlegen, ganz langsam auf 80 Grad erwärmen, Wolle herausnehmen, trocknen. Nach dem Abkühlen des Farbbades die getrocknete Wolle wieder einlegen, langsam 1–2 Stunden sanft kochend färben, spülen.

Frauenmantel – *Alchemilla vulgaris*

Als Unkraut auf Wiesen und an lehmigen Wegrainen reichlich vorkommend. Frauenmantel enthält den Gerbstoff Tannin. Man schneidet, kurz vor der Blüte, die ganze Pflanze, die getrocknet lange haltbar ist.

Sud: Die zerkleinerten Pflanzen 5–6 Stunden einweichen, 1 Stunde kochen, auskühlen lassen, abseihen.

Rezept 1: *Gelb*

500 g getrockneter Frauenmantel
500 g Wolle

Vorbeize: 80 g Alaun, 1 Stunde.

Färben: 1 Stunde sanft kochend, spülen.

Rezept 2: *Moosgrün*

500 g getrockneter Frauenmantel
500 g Wolle

Vorbeize: 80 g Alaun, 1 Stunde.

Färben: 1 Stunde sanft kochend, Wolle herausnehmen, dem Farbbad 20 g gelöstes Eisensalz zusetzen, gut umrühren, auf 40 Grad abkühlen lassen. Wolle wieder einlegen, ½ Stunde sanft kochend weiterfärben, waschen, spülen.

Es lohnt sich, wenn genug Frauenmantel gefunden wird, mit Kupferbeize und Chromkalibeize zu färben. Bei Kupferbeize erhält man einen schönen Messington, bei Chromkalibeize ein warmes Gelbbraun. Alle Farben sind sehr echt.

Fustic – Gelbholz – *Morsus tinctoria*

Dieses Holz eines mittelamerikanischen Maulbeerbaumes kommt als Späne in den Handel. Es ist seit Jahrhunderten in der europäischen Färberei bekannt.

Sud: Die Gelbholzspäne 24 Stunden einweichen, abseihen, in ein Mullsäckchen füllen, dieses im Einweichwasser 1–2 Stunden kochen, auskühlen lassen und gut ausdrücken.

Rezept 1: *Goldgelb*
500 g Gelbholz
500 g Wolle
Vorbeize: 80 g Alaun, 1 Stunde, 2 Tage feucht lagern.
Färben: 1 Stunde sanft kochend, spülen.

Rezept 2: *Gelb, sehr rein*
im selben Farbsud
500 g Wolle
Vorbeize: 80 g Alaun, 1 Stunde, 2 Tage feucht lagern.
Färben: 1 Stunde sanft kochend, Wolle herausnehmen, dem Farbbad 5 g Zinnsalz zusetzen, gut umrühren, Wolle wieder einlegen, ½ Stunde sanft kochend weiterfärben, waschen, spülen.

Rezept 3: *Gelb*
300 g Gelbholz
500 g Wolle
Direktbeize: 80 g Alaun.
Färben: 1 Stunde sanft kochend, spülen.

Rezept 4: *Goldbraun*
500 g Gelbholz
500 g Wolle
Vorbeize: 10 g Chromkali, 1 Stunde.
Färben: 1 Stunde sanft kochend, waschen, spülen.

Rezept 5: *Grüngelb*
500 g Gelbholz
500 g Wolle
Vorbeize: 30 g Kupfersalz, 1 Stunde.
Färben: 1 Stunde sanft kochend, waschen, spülen.

Aus einem alten Kochbuch um 1850

Zimtgelb zu färben auf Leinen und Baumwolle

100 g feingemahlene Gelbholzspäne
65 g feingemahlenes Krapp
100 g Weinsteinsäure

Für den Sud alle Zutaten in einer Porzellanschüssel zu einem dünnen Brei verrühren und 1 Nacht stehen lassen.
Am nächsten Tage in die zum Färben nötige Menge Wasser 100 g Alaun und den Brei geben, gut unterrühren, 1 Stunde kochen lassen, durch ein Tuch abseihen.
500 g Baumwolle oder Leinen am Tage vorher mit Grüner Seife und Soda 1 Stunde kochen, 24 Stunden im Seifenbad stehen lassen, gut spülen. 30 g Gallapfelpulver mit etwas Regenwasser anrühren, 15 l Wasser auf das Feuer setzen, das Gallapfelpulver darunterrühren, das zu färbende Material hineinlegen. Langsam zum Kochen treiben, ½ Stunde kochen, im Bad auskühlen lassen, gut spülen.
Nun das Garn in dem vorbereiteten Farbsud ½–1 Stunde kochend färben, bis die gewünschte Farbe erreicht ist, gut waschen, spülen.
Diese Färbung ist sehr echt.

Gallapfel – *Cynips gallae tinctoria*

Galläpfel entstehen durch den Stich der Gallwespe in Eichenblätter. Man findet sie bei den verschiedenen Eichenarten. Die Galläpfel werden gesammelt, getrocknet und vor dem Gebrauch fein pulverisiert. Durch den überaus großen Gerbsäuregehalt können kleine Mengen Gallapfelpulver zum Beizen gebraucht werden. Gallapfelpulver mit Eisensalz ergibt gute, farbechte Grautöne.

Allerdings sollte man vorsichtig damit umgehen, da die Wolle im Laufe der Jahre durch diese Färbung leicht brüchig wird. In der französischen Gobelinweberei wird z. B. Gallapfelpulver nicht zum Färben benutzt.

Sud: Gallapfelpulver mit Weinsteinrahm mischen, in einem Porzellangefäß mit etwas Wasser 1 Stunde einweichen, dann in die zum Färben nötige Menge Wasser geben, gut umrühren.

Rezept 1: *Dunkelgrau*

20 g Gallapfelpulver
10 g Weinsteinrahm
500 g Wolle

Vorbeize: Keine.

Färben: ½ Stunde sanft kochend, Wolle herausnehmen, dem Farbbad 10 g gelöstes Eisensalz zusetzen, gut umrühren, Wolle wieder einlegen, ¼ Stunde sanft kochend weiterfärben, waschen, spülen.

Rezept 2: *Lilagrau, hell*

im selben Sud
500 g Wolle

Vorbeize: Keine.

Färben: ½ Stunde sanft kochend, waschen, spülen.

Rezept 3: *Hellgrau*

10 g Gallapfelpulver
5 g Weinsteinrahm
500 g Wolle

Vorbeize: Keine.

Färben: Wie Rezept 1.

Rezept 4: *Schwarz*

100 g Gallapfelpulver
80 g Gelbholzpulver
30 g Krapp-Pulver
500 g gewaschene, feuchte Wolle

Sud: Die 3 Pulver in einer Porzellanschüssel zu einem dünnen Brei verrühren und 1 Nacht stehen lassen. In das zum Färben nötige Wasser geben, 1–2 Stunden kochen, abseihen und in einem Mullsack in das Farbbad hängen.

Färben: ½ Stunde sanft kochend, Wolle herausnehmen, dem Farbbad 50 g gelöstes Eisensalz zusetzen, gut umrühren, Wolle wieder einlegen, ¼ Stunde sanft kochend weiterfärben, waschen, spülen.

Diese Färbung ist besonders für harte Wolle, z.B. von Texelschafen oder Heidschnucken, aber auch für Sisal und Hanf gut geeignet.

Geißklee – *Lembotropis nigricans*

Geißklee findet man wildwachsend an Wegrainen, in Trockenwäldern und Gebüschen. Es färbt die ganze Pflanze. Blüten und Blätter mit Stengeln schneidet man kurz vor der Blüte im Mai.

Sud: Den Geißklee kleinschneiden, 1 Nacht einweichen, 1 Stunde kochen, auskühlen lassen, abseihen.

Rezept 1: *Goldgelb*

1000 g Geißklee
500 g Wolle

Vorbeize: 60 g Alaun, 1 Stunde, spülen.

Färben: Dem Farbsud 1 EL 25prozentiges Ammoniak zusetzen, 1 Stunde sanft kochend färben, spülen.

Ginster

Färberginster – *Genista tinctoria*

weitverbreiteter Gartenzierstrauch.

Besenginster – *Cytisus scoparius*

auf Heide, sandigen Plätzen, an Wegrändern und Bahndämmen vorkommend.

Stechginster – *Ulex europaeus*

in ganz Europa verbreitetes Trockengewächs.

Von allen drei Ginsterarten verwendet man die jungen Triebe, die kurz vor der Blüte Ende April – bei Stechginster in milden Wintern schon im Januar – geschnitten werden. Die Ginstertriebe können frisch oder getrocknet verwendet werden.

Sud: Die Ginstertriebe zerkleinern, 1 Nacht einweichen, 3–4 Stunden kochen, auskühlen lassen, abseihen.

Rezept 1: *Bastfarben*

500 g getrocknete Ginstertriebe
500 g Wolle

Vorbeize: 100 g Alaun, 30 g Weinsteinrahm, 1½ Stunden, 3 Tage feucht lagern, vor dem Färben einmal spülen.

Färben: ¾ Stunde sanft kochend, spülen.

Rezept 2: *Olivgrün, warmer Ton*

1000 g getrocknete Ginstertriebe
500 g Wolle

Vorbeize: Keine.

Färben: Dem Farbsud 50 g gelöstes Kupfersalz zusetzen, gut umrühren, 1 Stunde sanft kochend färben, waschen, spülen.

Rezept 3: *Bronzebraun*

2000 g frische Ginstertriebe
500 g Wolle

Vorbeize: 15 g Chromkali, 10 g Weinsteinsäure, 1 Stunde.

Färben: 1 Stunde sanft kochend, waschen, spülen.

Rezept 4: *Gelbbraun*

im selben Sud
500 g Wolle

Vorbeize: 10 g Chromkali, 10 g Weinsteinsäure, 1 Stunde.

Färben: 1 Stunde sanft kochend, waschen, spülen.

Rezept 5: *Hellbraun*

1000 g frische Ginstertriebe
500 g Wolle

Vorbeize: 50 g Weinsteinrahm, 30 g Eisensalz in 7 l Wasser kochen, mit 8 l kaltem Wasser auffüllen, 1 Stunde beizen.

Färben: 2 Stunden sanft kochend, waschen, spülen.

Rezept 6: *Graugrün*

500 g getrocknete Ginstertriebe
500 g Wolle

Vorbeize: 120 g Alaun, 30 g Weinsteinrahm, 1 Stunde, 3 Tage feucht lagern, vor dem Färben einmal spülen.

Färben: 2 Stunden sanft kochend, Wolle herausnehmen, 50 g gelöstes Eisensalz dem Farbbad zusetzen, gut umrühren, Wolle wieder einlegen, ½ Stunde sanft kochend weiterfärben, waschen, spülen.

Goldregen – *Laburnum anagyroides*

Der Goldregen ist ein frühblühender Gartenzierstrauch, dessen giftige Blüten man im April/Mai pflücken kann.

Sud: Blüten mit Stengeln zerkleinern, 1 Nacht einweichen, 1 Stunde kochen, auskühlen lassen, abseihen.

Rezept 1: *Goldgelb*

1000 g Goldregen
500 g Wolle

Vorbeize: 60 g Alaun, 1 Stunde, spülen.

Färben: Dem Farbsud 1 EL 25prozentiges Ammoniak zusetzen, 1 Stunde sanft kochend färben, spülen.

Goldrute – *Solidago virgaurea*

Die Goldrute wächst als Gartenstaude, ist aber auch reichlich wildwuchernd an Wegesrändern, versteppten Weiden und auf verlassenen Grundstücken zu finden. Zum Färben brauchen wir die ganze Pflanze, die kurz vor der Blüte Juli/August geschnitten werden kann. Sie ist frisch und getrocknet zu verwenden.

Sud: Blüten und Pflanzenteile kleinschneiden, 1 Nacht einweichen, 1–2 Stunden kochen, im Sud auskühlen lassen, abseihen.

Rezept 1: *Goldgelb*

500 g getrocknete Goldrute
500 g Wolle

Vorbeize: 100 g Alaun, 60 g Weinsteinrahm, 1 Stunde.

Färben: 1 Stunde sanft kochend, spülen.

Rezept 2: *Dunkelgrün*

500 g getrocknete Goldrute
500 g Wolle

Vorbeize: 65 g Alaun, 1 Stunde.

Färben: 1 Stunde sanft kochend, Wolle herausnehmen, dem Farbsud 15 g gelöstes Eisensalz zusetzen, gut umrühren, Wolle wieder einlegen, ½ Stunde sanft kochend weiterfärben, waschen, spülen.

Rezept 3: *Olivbraun*

500 g getrocknete Goldrute
500 g Wolle

Vorbeize: 30 g Kupfersalz, 1 Stunde.

Färben: 1 Stunde sanft kochend, waschen, spülen.

Hecken- oder Hundsrose – *Rosa canina*

Die Rosa canina kommt häufig als Hecke in Laubwäldern, Gebüschen, an Waldrändern und auf Heide- und Dünenlandschaften vor. Zum Färben brauchen wir die Rosenknospen, die wir kurz vor der Blüte ab Mai/Juni schneiden. Man kann sie frisch oder getrocknet verwenden.

Sud: Die Knospen 1 Nacht einweichen, 2 Stunden kochen, auskühlen lassen, abseihen. Es duftet herrlich!

Rezept 1: *Goldgelb*

1000 g getrocknete Knospen
500 g Wolle

Vorbeize: 65 g Alaun, 30 g Weinsteinrahm, 1 Stunde, 1 Tag feucht lagern.

Färben: 1 Stunde sanft kochend, spülen.

Rezept 2: *Goldbronze*

im selben Farbsud
500 g Wolle

Vorbeize: 65 g Alaun, 30 g Weinsteinrahm, 1 Stunde, 1 Tag feucht lagern.

Färben: 1 Stunde sanft kochend, trocknen, ohne zu spülen. Von 15 l Wasser und 100 g Pottasche ein Bad bereiten, auf 40 Grad erwärmen, die angetrocknete Wolle einlegen, 1 Stunde zwischen 40–50 Grad halten, 1 Nacht im Pottaschebad liegen lassen, spülen.

Rezept 3: *Goldbraun*

1000 g getrocknete Knospen
500 g Wolle

Vorbeize: 65 g Alaun, 30 g Weinsteinrahm, 1 Stunde, 1 Tag feucht lagern.

Färben: Dem Farbsud 10 g Weinsteinsäure zusetzen, auf 40 Grad erwärmen, Wolle einlegen, 1 Stunde sanft kochend färben, spülen.

Rezept 4: *Graubraun, kräftig*

im selben Sud
500 g Wolle

Vorbeize: 65 g Alaun, 30 g Weinsteinrahm, 1 Stunde, 1 Tag feucht lagern.

Färben: Dem Farbsud 5 g gelöstes Eisensalz zugeben, gut umrühren, 1 Stunde sanft kochend färben, waschen, spülen.

Rezept 5: *Graubraun, hell*
im selben Sud
500 g Wolle
Vorbeize: 65 g Alaun, 30 g Weinsteinrahm, 1 Stunde, 1 Tag feucht lagern.
Färben: 1 Stunde sanft kochend, waschen, spülen.

Heide – *Calluna vulgaris*

Sehr häufiges Vorkommen in Heide- und Dünenlandschaften, Laub- und Mischwäldern. Man verwendet das junge Kraut, das kurz vor der Blüte Juli/August geschnitten wird. Die Triebe kann man frisch oder getrocknet zum Färben gebrauchen.

Sud: Die Heidetriebe kleinschneiden – Omas alte Brotmaschine tut hier gute Dienste –, 4 Stunden einweichen, 2–3 Stunden kochen, über Nacht auskühlen lassen, abseihen.

Rezept 1: *Grüngelb, kräftig*
1500 g getrocknetes Heidekraut
500 g Wolle
Vorbeize: 80 g Alaun, 1 Stunde.
Färben: 1 Stunde sanft kochend, spülen.

Rezept 2: *Goldgelb*
im selben Sud
500 g Wolle
Vorbeize: 80 g Alaun, 1 Stunde.
Färben: 1 Stunde sanft kochend, spülen.

Rezept 3: *Grüngelb, hell*
im selben Sud
500 g Wolle
Vorbeize: Keine.
Färben: 3 Stunden in dem Farbsud liegen lassen, dann langsam zum Kochen bringen, einmal kurz aufkochen lassen, spülen.

Rezept 4: *Braun*

2500 g getrocknetes Heidekraut
500 g Wolle

Vorbeize: 60 g Alaun, 1 Stunde.

Färben: 1 Stunde sanft kochend, Wolle herausnehmen, dem Farbbad 15 g gelöstes Chromkali zusetzen, gut umrühren, Wolle wieder einlegen, ½ Stunde sanft kochend weiterfärben, waschen, spülen.

Rezept 5: *Olivgrün*

1000 g getrocknetes Heidekraut
500 g Wolle

Vorbeize: 80 g Alaun, 1 Stunde.

Färben: Dem Farbsud 50 g gelöstes Eisensalz zusetzen, gut umrühren, 1 Stunde sanft kochend färben, waschen, spülen.

Rezept 6: *Dunkeloliv*

1000 g getrocknetes Heidekraut
500 g Wolle

Vorbeize: 60 g Alaun, 1 Stunde.

Färben: Dem Farbsud 40 g geweichtes Gallapfelpulver und 50 g gelöstes Eisensalz zusetzen, gut umrühren, auf 40 Grad erwärmen, die Wolle an Stöcken hängend im Farbsud umziehen, bis eine Temperatur von 70 Grad erreicht ist, fallen lassen, ½ Stunde sanft kochend färben, waschen, spülen.

Rezept 7: *Blaugrün*

3000 g frisches Heidekraut
500 g Wolle
20 ccm Indigopaste

Vorbeize: 80 g Alaun, 1 Stunde.

Färben: Die Hälfte des Beizbades wegschütten und mit kaltem Wasser auffüllen, Indigopaste tropfenweise zugeben, gut verrühren, die Wolle an Stöcken hängend im Beizbad umziehen bis das Blau aufgezogen ist, fallen lassen, ½ Stunde kochend färben, Wolle herausnehmen und im Sud des Heidekrautes 1 Stunde sanft kochend weiterfärben, waschen, spülen.

Rezept 8: *Blaugrün, hell*
im selben Farbsud
500 g Wolle
Vorbeize: 80 g Alaun, 1 Stunde.
Färben: Mit 4 ccm Indigopaste wie in Rezept 7.

Rezept 9: *Grün, sehr rein*
im selben Sud
500 g Wolle
Vorbeize: 80 g Alaun, 1 Stunde.
Färben: Mit 7 ccm Indigopaste wie in Rezept 7.

Noch heute wird die Wolle für die Lubminer Fischerteppiche mit diesen Heidekrautfarben gefärbt. Diese Farben sind ganz besonders echt.

1935 bekam der Handspinner Kühlmann in Kellinghusen den Auftrag, eine größere Menge Wolle für die Lubminer zu färben. Diesen Auftrag nahm er seinerzeit freudig an. Als er dann aber feststellte, daß er Lastwagen voll Heidekraut aus dem Moor holen und 20 Frauen zum Heidekrautschneiden beschäftigen mußte, gab er das Naturfärben schnell wieder auf.

Henna – *Lawsonie inermis*

Dieses tropische Gewächs ist schon seit Urzeiten als Färbepflanze bekannt. Es war die Schminkfarbe des Altertums. Die Farbe sitzt in den Blättern, die zum Färben frisch oder getrocknet verwendet werden können. Man erhält Henna als Pulver in Drogerien und Kräuterhäusern.

Sud: Das Hennapulver vorsichtig zu einem dickflüssigen Brei verrühren, über Nacht stehen lassen, am nächsten Tage mit der zum Färben nötigen Menge Wasser ½ Stunde kochen, abseihen.

Rezept 1: *Orange*
500 g Hennapulver
500 g Wolle
Vorbeize: Keine.
Färben: 1 Stunde sanft kochend, im Farbbad auskühlen lassen, Wolle herausnehmen, trocknen, erst dann spülen.

Rezept 2: *Rotbraun*

im selben Farbsud

500 g Wolle

Vorbeize: 80 g Alaun, 1 Stunde, 3 Tage feucht lagern.

Färben: 1 Stunde sanft kochend, spülen.

Rezept 3: *Goldorange*

500 g Hennapulver

500 g Wolle

Vorbeize: 80 g Alaun, 1 Stunde, 3 Tage feucht lagern.

Färben: 1 Stunde sanft kochend, Wolle herausnehmen, dem Farbbad 2 g Zinnsalz zusetzen, gut umrühren, Wolle wieder einlegen, ½ Stunde sanft kochend weiterfärben, waschen, spülen.

Rezept 4: *Khakigrün*

im selben Farbsud

500 g Wolle

Vorbeize: 60 g Kupfersalz, 1 Stunde.

Färben: 1 Stunde sanft kochend, waschen, spülen.

Holunder – *Sambucus nigra*

Ein häufig an Wald- und Wegrändern, Schuttplätzen und Knicks vorkommender Beerenstrauch. Früchte, Blätter, Rinden und Wurzeln können zum Färben verwendet werden. Die Blätter im Frühjahr vollentwickelt pflücken, die Beeren im Herbst vollreif ernten, Rinden und Wurzeln am besten nach dem 20. Januar sammeln, wenn die Säfte gestiegen sind. Blätter, Rinden und Wurzeln sind getrocknet gut haltbar, die Beeren frisch verwenden oder einfrieren.

Rezept mit Blättern

Sud: Die frischen oder getrockneten Blätter einige Stunden einweichen, 1 Stunde kochen, auskühlen lassen, abseihen.

Rezept 1: *Grüngelb*

500 g getrocknete Holunderblätter

500 g Wolle

Vorbeize: 80 g Alaun, 1 Stunde.

Färben: 1 Stunde sanft kochend, spülen.

Rezept mit Rinden und Wurzeln

Sud: Rinden und Wurzeln sehr klein schneiden, 1 Nacht einweichen, 4–5 Stunden kochen, über Nacht auskühlen lassen, abseihen, Pflanzenteile im Mullbeutel in das Farbbad hängen.

Rezept 1: *Schwarz*

1000 g getrocknete Holunderrinden und -wurzeln
500 g Wolle

Vorbeize: 60 g Alaun, 1 Stunde.

Färben: 1 Stunde sanft kochend, Wolle herausnehmen, dem Farbbad 60 g gelöstes Eisensalz zusetzen, gut umrühren, Wolle wieder einlegen, sanft kochend weiterfärben, bis die gewünschte Färbung erreicht ist, waschen, spülen.

Rezept mit Beeren

Sud: Frische Beeren ½ Stunde sprudelnd kochen, in ein Tuch abseihen, in den Sud ausdrücken und mit dem Tuch in den Farbsud hängen.

Rezept 1: *Grauviolett, waschecht – nicht lichtecht –*

1000 g frische Holunderbeeren
500 g Wolle

Vorbeize: 75 g Alaun, 35 g Weinsteinsäure, 1 Stunde, 3 Tage feucht lagern.

Färben: Dem Farbsud 2 Tassen Apfelessig zugeben, 1 Stunde bei 80 Grad färben, nicht kochen lassen, im Farbbad über Nacht auskühlen lassen, spülen.

Indigo – *Indigofera*

Indigofera ist eine indische Farnart, aus der man den Farbstoff Indigo gewinnt. Im Orient färbte man schon seit vorchristlichen Zeiten mit Indigo, während im europäischen Raum erst im Mittelalter Indigo als Farbstoff zum Blaufärben bekannt wurde. Vorher hatte man sich hier – außer verschiedener Beeren – des

Färberwaids bedient, der Spuren des echten Indigo enthält. Von den verschiedenen, sich zum Färben eignenden Indigoarten gilt der bengalische als der beste. Indigo kommt als Pulver und als kleine feste Tafeln in den Handel. Nachdem Ende des 19. Jahrhunderts der synthetische Indigo erfunden wurde, verdrängte er fast gänzlich den natürlichen. Dadurch ging der Anbau des Indigofarns zurück, so daß heute der echte Indigo nur sehr schwer zu bekommen ist.

Der Farbstoff Indigo wird durch Gärung aus den Blättern der Indigopflanze gewonnen und ist nicht wasserlöslich. Um mit Indigo färben zu können, muß der Farbstoff einen erneuten Gärungsprozeß durchmachen, um löslich zu werden und in die pflanzlichen und tierischen Fasern eindringen zu können.

Die einfachste Weise des Blaufärbens ist das Färben mit Indigopaste. 1740 entdeckte Barth in Großenhain/Sachsen, daß sich der Indigo in Verbindung mit rauchender Schwefelsäure zu einer haltbaren Paste bereiten ließ. Diese Paste war in Wasser löslich und ging eine feste Verbindung mit der Faser ein. Noch heute nennt man Färbungen mit Indigopaste Sächsischblau. Sie sind aber nicht so klar und leuchtend wie Färbungen mit Indigo aus der Küpe.

Herstellen der Indigopaste:

3 g reines Indigopulver
25 g rauchende Schwefelsäure (= 12,5 ccm)
werden in einer dickwandigen Glasflasche mit einem Glasstab so lange gerührt, bis eine dickflüssige Paste entsteht. Diesen Vorgang mit 3 g Indigo und 25 g rauchender Schwefelsäure wiederholt man so oft, bis man die gewünschte Menge Paste hat. Da sie lange haltbar ist, kann man sich einen kleinen Vorrat davon anlegen.

Diese Paste immer außer Reichweite von Kinderhänden aufbewahren, da die Schwefelsäure sehr giftig und ätzend ist. Auch sollte man beim Färben mit Indigopaste äußerste Vorsicht walten lassen: Gummihandschuhe anziehen, die Paste nur tropfenweise ins Wasser geben, um ätzende Verbrennungen durch Schäumen und Spritzen zu vermeiden!

Richtig gehandhabt ist das Färben mit Indigopaste sehr angenehm, und es werden schöne Blautöne erreicht. Zum Grünfärben, bei Mischungen mit Gelb, sind Indigopastenbäder besonders farbecht.

Rezepte mit Indigopaste

Rezept 1: *Dunkelblau*

40 ccm Indigopaste
500 g Wolle

Vorbeize: 80 g Alaun, 1 Stunde.

Färben: Die Hälfte des Beizbades wegschütten und durch kaltes Wasser ersetzen, die Indigopaste tropfenweise zugeben, gut umrühren, die Wolle an Stöcken hängend im Farbbad umziehen, bis die blaue Farbe gut aufgezogen ist, fallen lassen, 30 Minuten kochend färben, waschen, spülen.

Rezept 2: *Grünlichblau, hell*

im selben Farbsud
500 g Wolle

Vorbeize: 80 g Alaun, 1 Stunde.

Färben: 1 Stunde sanft kochend, waschen, spülen.

Rezept 3: *Schwarz*

30 ccm Indigopaste
500 g dunkelbraune Naturwolle

Vorbeize: 100 g Alaun, 1 Stunde.

Färben: Wie Rezept 1.

Um eine Farbskala an Blautönen zu bekommen, kann man nach Rezept 1 mit 30 ccm, 20 ccm, 10 ccm oder 5 ccm Indigopaste färben. Die Bäder sind immer für Nachfärbungen zu verwenden, z. B. für Grünfärbungen in Birkenlaub oder Heidekraut.

Die schönsten und echtesten Blautöne erhält man aber durch die Verküpung des Indigos im Gärverfahren. Früher wurde nur mit der Indigo-Urin-Küpe gefärbt. Ich benutze diese Küpe heute noch, da sie die sicherste Art ist, echte blaue Farben zu erzielen.

Urin-Küpe

Zur Herstellung der Urin-Küpe braucht man einen luftigen, sonnigen Platz im Freien mit einer Feuerstelle. Das kann ein Campingkocher oder eine Elektroplatte mit langer Schnur sein. Ferner benötigt man zwei große Gefäße: ein 20-l-Gefäß mit Deckel für die Küpe – am besten eine alte Tonkruke mit Deckel, aber auch ein emaillierter Wecktopf mit Deckel eignet sich für diese Zwecke – und einen größeren Kessel, in den das 20-l-Gefäß als Einsatz paßt. Bei Tonküpengefäßen legt man am besten ein Holzbrett auf den Boden des Kessels, um ein Platzen beim Erwärmen zu vermeiden.
Durch den Gärungsprozeß in der Küpe wird dem Indigo der Sauerstoff entzogen und es entsteht das Indigoweiß. Bei dem alkalischen Vorgang in der Küpe zerfällt das Weiß und die Farbe kann von der Faser aufgenommen werden. Bei der Küpenfärbung geht die Farbe eine besonders feste Verbindung mit der Faser ein und ist daher auch besonders lichtecht. Das Küpengefäß muß mit einem Deckel fest verschlossen sein, um unnötige Sauerstoffzufuhr zu der Küpe zu vermeiden. Die in der Küpe gefärbte Wolle ist anfangs beim Herausnehmen grüngelb und wird erst in der Luft durch die Verbindung mit dem Sauerstoff langsam blau. Diesen Oxydationsvorgang nennt man das Lüften oder Verblauen der Wolle. Er dauert je nach der Wärme in der Küpe und an der Luft unterschiedlich lange. Die Wolle muß so lange gelüftet werden, bis sich die blaue Farbe nicht mehr verändert.
Will man dunklere Blautöne erzielen, kann man die gelüftete und geblaute Wolle noch einmal in die Küpe legen und einen zweiten Färbegang vornehmen, der die Farbe vertieft. Ist die gewünschte Tönung erreicht, wird die Wolle einmal in geklärtem Urin gespült, dann gut gewaschen, gespült und im Freien getrocknet.

Rezept für Urin-Küpe

15 l Menschenurin sammeln, in zugedeckten Gefäßen 4 Tage stehen lassen, dann sorgfältig durch Mullwindeln gleich in das gereinigte Küpengefäß filtrieren. Nun dem Urin 110 g Seesalz zusetzen, das Gefäß mit einem Deckel verschließen, in ein Wasserbad stellen, die Küpe auf 60–70 Grad erwärmen und 5 Stunden auf dieser Temperatur halten. Bitte unbedingt mit dem Thermometer arbeiten!

Man gibt dann 40 g feingestoßenen Indigo und 40 g feingemahlenen Krapp in die Küpe, rührt vorsichtig um, verschließt das Gefäß wieder und hüllt es mit alten Decken warm ein. Die Küpe muß drei Tage lang morgens und abends auf 40 Grad erwärmt werden und darf zwischendurch nicht auskühlen. Am besten eignet sich zum Erwärmen eine Elektroplatte, damit die Verpackung nicht jedesmal entfernt werden muß, wenn der Kessel auf die Kochstelle gesetzt wird. Auch muß die Küpe täglich einmal vorsichtig umgerührt werden.

Am 4. Tage macht man eine Farbprobe: man drückt 10 g saubere, trockene Wolle ganz fest in die Küpe und prüft nach 2 Stunden, ob die Wolle bereits eine grüngelbe Färbung hat. Ist man mit dem Resultat zufrieden, kann mit dem Färben begonnen werden, anderenfalls den Gärungsprozeß unter täglichem Erwärmen 2–3 Tage wiederholen und eine neue Farbprobe machen.

Ist die Wollprobe zur Zufriedenheit ausgefallen, drückt man 500 g trockene, saubere Wolle in die Küpe, verschließt das Küpengefäß fest und läßt die Wolle 2–3 Stunden darin liegen. Dann die Wolle herausnehmen, über der Küpe ausdrücken, an der Luft verblauen lassen, einmal in Urin spülen, gründlich mit Seife waschen, spülen und im Freien trocknen.

Man kann in dieser Küpe noch am gleichen Tage weitere 500 g Wolle färben, der Farbton wird etwas heller ausfallen.

Um die Küpe für die nächsten Färbevorgänge vorzubereiten, setzt man ihr jedesmal wieder 50 g Seesalz, 50 g Indigo und 50 g Krapp zu, wiederholt den Gärungsvorgang über 3 Tage und kann dann 500 g Wolle wie vordem angegeben färben. Wenn die Küpe nicht erkältet, d.h. nicht unter 40 Grad abkühlt, kann man wochenlang damit färben, und alle Färbungen bekommen einen guten Blauton. Die Küpe ist für Baumwolle und Seide genau so gut zu verwenden wie für Wolle.

Diese sogenannte Sommerküpe ist sehr sparsam im Verbrauch. Man benötigt nur zusätzlich Urin zum Spülen, den man am Ende jeden Färbetages der Küpe zur Ergänzung auf jeweils 15 l zusetzt.

Ich möchte in diesem Buch auch die Hydrosulfit-Ammoniak-Leim-Küpe nach Hentschel beschreiben. Sie ist für den Städter einfacher herzustellen und in einem Haushalt ohne Garten oder Freiraum die einzige Möglichkeit der Verküpung des Indigos. Die Farben werden allerdings etwas härter, aber bei genauer, sorgfältiger Behandlung werden sie auch sehr echt.

Rezept für Hydrosulfit-Ammoniak-Leim-Küpe

Beim Blaufärben mit der Hydrosulfit-Ammoniak-Leim-Küpe benötigen wir eine Stammküpe und ein Küpenbad.

Die Stammküpe wird auf das Gewicht des zu benutzenden Indigos berechnet.

Grundrezept für die Stammküpe:
1 g Indigo
30 ccm Wasser
1,3 ccm 33prozentige Natronlauge
1,5 g Hydrosulfitpulver.
Für unsere Rezepte bei 500 g Wolle und 20 g Indigopulver folgende Stammküpe:

Indigo	1 x20 = 20 g
Wasser	30 x20 = 600 ccm
Natronlauge	1,3x20 = 26 ccm
Hydrosulfitpulver	1,5x20 = 30 g.

Diese Zutaten in einem entsprechend großen, durchsichtigen Glasgefäß mit einem Glasstab zusammenrühren. Zuerst das Indigo mit dem Waser, dem vorher 1 TL Feinseifenpulver zugegeben wurde. Wenn Indigo und Wasser sich vermischt haben, die anderen Zutaten gut unterrühren, das Gefäß in einem Wasserbad so lange auf 60 Grad erwärmen, bis die Flüssigkeit gelb und klar geworden ist. Während des Erwärmens 2–3mal mit dem Glasstab vorsichtig umrühren, ohne daß viel Sauerstoff in die Flüssigkeit gelangt. Diese Stammküpe kann verschlossen gut aufbewahrt werden.

Bei dem Küpenbad geht man vom Gewicht der zu färbenden Wolle aus.

Grundrezept für das Küpenbad:
100 g Wolle
4 l Wasser
3 g Perlleim
3 g 25prozentiges Ammoniak
2 g Hydrosulfitpulver.

Der Perlleim muß am Tage vorher eingeweicht und im Wasserbad flüssig gemacht werden. Bei unseren Standardrezepten mit 500 g Wolle also alles mal 5 nehmen.

Man läßt das Wasser im Küpengefäß – in diesem Fall am besten in einem Emaillekessel mit Deckel – auf 50 Grad erwärmen, stellt dann das Küpengefäß in ein Wasserbad und hält die Temperatur auf 50 Grad. Dann werden die für das Küpenbad angegebenen Zutaten hineingerührt und nach ½ Stunde die Stammküpe dazugegeben. Alles gut zudecken und unbedingt zwischen 50–60 Grad warmhalten, bevor mit dem Färben begonnen wird. Es empfiehlt sich, vor Beginn des Färbens eine Probe zu machen, ob der Gärungsprozeß gelungen ist.
Man nimmt dazu etwas Flüssigkeit aus der Küpe in ein Glas- oder Porzellanschälchen und gibt einen Tropfen 1prozentige Phenolphthaleinlösung dazu. Nun müßte die Küpenflüssigkeit schwachrot werden. Wird sie dunkelrot, ist die Küpe alkalisch, dann etwas Ammoniumsulfat dazugeben, 10 Minuten abwarten und erneut testen. Dieses Verfahren wiederholen, bis die gewünschte rosa Färbung erreicht ist. Zeigt sich bei der ersten Probe keine Färbung, ist die Küpe zu sauer, dann vorsichtig etwas Ammoniak zusetzen, 10 Minuten abwarten und erneut prüfen.
Eine gute Küpe sieht immer gelblich-grünlich, niemals blau aus.

Jetzt endlich können die 500 g gewaschene, feuchte, aber gut ausgewundene Wolle in die Küpe gegeben werden. Die Wolle gut unterdrücken, das Küpengefäß verschließen und die Temperatur 30 Minuten auf 50–60 Grad halten. Das nun gelbgrüne Garn herausnehmen, über der Küpe ausdrücken, an der Luft verblauen lassen, in Feinwaschmittel waschen und spülen. Will man einen dunkleren Farbton erzielen, nach dem vollen Verblauen die Wolle noch einmal 30 Minuten in die Küpe legen, erneut verblauen lassen, waschen, spülen.
In dieser Küpe kann gleich weitergefärbt werden, es empfiehlt sich nur, zwischen jedem Färbevorgang 1 ccm Stammküpe zuzusetzen.

Nach dem Färben in der Hydrosulfitküpe muß die Wolle abgesäuert werden, um ihren vollen Echtheitsgrad zu erhalten.
Dazu werden 20 l Wasser und 2 g 85prozentige Ameisensäure auf 40 Grad erwärmt, die Wolle hineingelegt, das Bad langsam auf 80 Grad getrieben. Ohne zu kochen läßt man die Wolle 10 Minuten in diesem Bad liegen, nimmt sie dann heraus, spült sie und läßt sie im Freien trocknen.
Die Hydrosulfitküpe kann man auch nach dem Abkühlen wieder benutzen. Man setzt dafür eine neue Stammküpe an, die nach dem Indigoverbrauch berechnet wird. Die Hydrosulfitküpe auf 60 Grad erwärmen, die Stammküpe dazugeben und genau wie anfangs beschrieben verfahren, testen, färben.
Das Färben kann so lange wiederholt werden, bis die Küpe erschöpft ist.

Iris – *Iris pseudacorus*

Da die Iris in der Natur teilgeschützt ist, sollte man nur die Blätter der Gartenstauden zum Färben schneiden. Sie färben am besten frisch. Die Wurzeln der Iris ergeben auf Eisenbeize ein grünliches Braunschwarz. Wenn im Garten Iris gerodet werden, die Wurzeln von der Erde befreien, gut trocknen und aufbewahren.

Rezept mit Irisblättern

Sud: Frische Irisblätter zerschneiden, einweichen, 1 Stunde kochen, abkühlen lassen, abseihen.

Rezept 1: *Grüngelb*

1000 g Irisblätter
500 g Wolle

Vorbeize: 60 g Alaun, 30 g Weinsteinrahm, 1 Stunde.

Färben: 1 Stunde sanft kochend, spülen.

Rezept mit Iriswurzeln

Sud: Die getrockneten Iriswurzeln zerkleinern, 1 Nacht einweichen, 2–3 Stunden kochen, über Nacht im Sud auskühlen lassen, abseihen, die Wurzelreste in einem Beutel in den Farbsud hängen.

Rezept 1: *Schwarz*

1000 g Iriswurzeln
500 g Wolle

Vorbeize: 100 g Alaun, 1 Stunde, vor dem Färben spülen.

Färben: Dem Farbsud 60 g gelöstes Eisensalz zusetzen, gut umrühren, die Wolle an Stöcken hängend umziehen, bei 70 Grad fallen lassen, 1 Stunde sanft kochend färben, waschen, spülen.

Johannisbeere, schwarze – *Ribes nigrum*

Von unseren schwarzen Gartenjohannisbeeren können wir ein schönes Rotviolett färben. Leider ist die Farbe nur wasch- und reibecht, aber sehr lichtempfindlich.

Sud: Frische, reife Johannisbeeren 1 Stunde sprudelnd kochen, über ein Tuch in den Farbkessel seihen, das Tuch zusammenbinden, die Beeren kräftig ausdrücken und den Mullsack in das Farbbad hängen.

Rezept 1: *Rotviolett*

2000 g schwarze Johannisbeeren
500 g Wolle

Vorbeize: 30 g Alaun, 35 g Weinsteinrahm, 1Stunde.

Färben: Dem Farbsud 30 g Weinsteinsäure zusetzen, gut umrühren, auf 40 Grad erwärmen, Wolle einlegen, ganz langsam auf 80 Grad erwärmen, ½–1 Stunde auf 80 Grad halten, aber nicht kochen, da sonst die Farbe ihren Glanz verliert. Wolle herausnehmen, 1 Tasse Apfelessig zugeben, Wolle wieder einlegen, 1 Nacht in dem Farbbad liegen lassen, am nächsten Tage spülen.

Dieses Rezept eignet sich sehr gut für Seide, nur darf sie beim Beizen nicht gekocht werden.

Johanniskraut – *Hypericum*

Von dem Johanniskraut, das uns als Heilpflanze lange bekannt ist, findet man verschiedene Arten reichlich auf Wiesen, mageren Feldern, Schutthalden, an Wegrändern, Bahndämmen und Böschungen. Alle Arten färben gut und zwar Blüten und Kraut. Das Johanniskraut verwenden wir zum Gelbfärben, die Blüten, die den roten Farbstoff Hyperin enthalten, ergeben in Verbindung mit Essig und Zinnsalz einen rötlichen Farbton.

Rezept mit Blüten

Sud: Die Blütenblätter mit 3 l Wasser, 3 Tassen Apfelessig und 1 g Zinnsalz einweichen, langsam erwärmen, 1 Stunde bei 40 Grad halten, die zum Färben nötige Menge Wasser dazugeben, kurz zum Kochen bringen, auskühlen lassen, abseihen.

Rezept 1: *Rötlichgelb, zart – nicht lichtecht*
500 g frische Johanniskrautblüten
500 g Wolle

Vorbeize: 60 g Alaun, 60 g Weinsteinrahm, 1 Stunde.

Färben: Ohne zu kochen 1–2 Stunden zwischen 70–80 Grad halten, im Farbbad auskühlen lassen, spülen.

Rezept mit Johanniskraut

Sud: Das getrocknete Johanniskraut kleinschneiden, 2–3 Stunden einweichen, 2–3 Stunden kochen, auskühlen lassen, abseihen.

Rezept 1: *Gelb*
500 g Johanniskraut
500 g Wolle

Vorbeize: 75 g Alaun, 1 Stunde.

Färben: 1–1½ Stunden sanft kochend, waschen, spülen.

Rezept 2: *Goldgrün*
500 g Johanniskraut
500 g Wolle

Vorbeize: 75 g Alaun, 1 Stunde.

Färben: Dem Farbsud 15 g gelöstes Eisensalz zugeben, gut umrühren, auf 40 Grad erwärmen, Wolle einlegen, ½–1 Stunde sanft kochend färben, waschen, spülen.

Kaffee – *Coffea arabica*

Mit gutgerösteten Kaffeebohnen läßt sich ein schönes Braun erzielen.

Sud: Den gemahlenen Kaffee (ruhig eine billige Sorte nehmen) in reichlich Wasser 20 Minuten kochen, auskühlen lassen, abseihen.

Rezept 1: *Gelbbraun, kräftig*

1000 g Kaffeebohnen
500 g Wolle

Vorbeize: 15 g Chromkali, 1 Stunde, vor dem Färben einmal spülen.

Färben: ½ Stunde sanft kochend, gut waschen, spülen.

Rezept 2: *Hellbraun*

1000 g Kaffeebohnen
500 g Wolle

Vorbeize: 80 g Alaun, 1 Stunde.

Färben: ½ Stunde sanft kochend, Wolle herausnehmen, dem Farbbad 20 g gelöstes Eisensalz zusetzen, gut umrühren, Wolle wieder einlegen, 20 Minuten sanft kochend weiterfärben, waschen, spülen.

Kamille – Färberkamille – *Anthemis tinctoria*

Die Färberkamille wächst überall auf mageren Feldern, trockenen Wiesen und Wegesrändern. Die Blütenköpfe ergeben getrocknet die beste Farbe. Nimmt man die ganze Pflanze, wird die Farbe weniger intensiv.

Sud: Die Blütenköpfe in einem genügend großen Mullsack ins Wasser hängen und ¾–1 Stunde abkochen. Der Farbsud hat dann eine kräftige Farbe. Man kann den Mullsack im Farbbad während des Färbens hängen lassen.

Rezept 1: *Rötlichgelb*

1000 g Kamillenblüten
500 g Wolle

Vorbeize: 100 g Alaun, 65 g Weinsteinrahm, 1 Stunde.

Färben: 1 Stunde sanft kochend, spülen.

Rezept 2: *Gelb, rein*

1000 g Kamillenblüten
500 g Wolle

Vorbeize: 100 g Alaun, 1 Stunde.

Färben: 1 Stunde sanft kochend, spülen.

Rezept 3: *Goldbraun*

500 g Kamillenblüten
500 g Wolle

Vorbeize: 15 g Chromkali, 1 Stunde.

Färben: 1 Stunde sanft kochend, waschen, spülen.

Rezept 4: *Gelborange*

500 g Kamillenblüten
500 g Wolle

Vorbeize: 35 g Alaun, 36 g Weinsteinrahm, 1 Stunde.

Färben: 1 Stunde sanft kochend, Wolle herausnehmen, dem Farbbad 3 g Zinnsalz zusetzen, gut umrühren, Wolle wieder einlegen, ½ Stunde sanft kochend weiterfärben, waschen, spülen.

Rezept 5: *Olivgrün*

500 g Kamillenblüten
500 g Wolle

Vorbeize: Keine.

Färben: 1 Stunde sanft kochend, Wolle herausnehmen, dem Farbbad 40 g gelöstes Eisensalz zusetzen, gut umrühren, Wolle wieder einlegen, 30–40 Minuten sanft kochend weiterfärben, waschen, spülen.

Kastanie – *Aesculus hippocastanum*

Die Kastanie – Roßkastanie – finden wir in Nord- und Mitteleuropa häufig als Alleebaum, oft auch in Gärten und Parks, seltener in Wäldern. Man kann Blätter und Schalen zum Färben verwenden. Die vollentwickelten Blätter im Juli pflükken und trocknen, die frischen, grünen Schalen sammeln und gleich verwenden, bevor sie braun werden.

Rezepte mit Kastanienschalen

Sud: Die frischen, grünen Schalen mit Regenwasser bedecken, 1 Tag stehen lassen, 2–3 Stunden im Kupferkessel kochen, auskühlen lassen, abseihen.

Rezept 1: *Rötlichbeige, zart*

1500 g frische Kastanienschalen
500 g Wolle

Vorbeize: Keine.

Färben: 1 Stunde sanft kochend, spülen.

Rezept 2: *Goldbraun*

1500 g frische Kastanienschalen
500 g Wolle

Vorbeize: Keine.

Färben: 1 Stunde sanft kochend, Wolle herausnehmen, dem Farbbad 10 g gelöstes Chromkali zusetzen, gut umrühren, Wolle wieder einlegen, ½ Stunde sanft kochend weiterfärben, waschen, spülen.

Rezept 3: *Mittelbraun*

4000 g frische Kastanienschalen
500 g Wolle

Vorbeize: 10 g Chromkali, 12 g Weinsteinrahm, 1 Stunde.

Färben: Bei 80 Grad 1–2 Stunden, waschen, spülen.

Rezept 4: *Braun, kräftig*

4000 g frische Kastanienschalen
500 g Wolle

Vorbeize: Keine.

Färben: 1 Stunde sanft kochend, Wolle herausnehmen, dem Farbbad 60 g gelöstes Kupfersalz zusetzen, gut umrühren, Wolle wieder einlegen, ½ Stunde sanft kochend weiterfärben, waschen, spülen.

Rezept 5: *Rotbraun, sehr kräftig*

4000 g frische Kastanienschalen
500 g Wolle

Vorbeize: Keine.

Färben: Die Schalen in einem schon ausgefärbten Sud von Walnußschalen auskochen und abseihen. In diesem kräftigen Farbsud

1 Stunde sanft kochend färben, Wolle herausnehmen, 60 g gelöstes Kupfersalz dem Farbsud zusetzen, gut umrühren, Wolle wieder einlegen, ½ Stunde sanft kochend weiterfärben, waschen, spülen. Alle Kastanienfarben sind ganz besonders echt.

Rezepte mit Kastanienblättern

Sud: Die getrockneten Blätter zwischen den Händen kleinreiben, 1 Nacht einweichen, 3–4 Stunden kochen, über Nacht im Farbsud auskühlen lassen, abseihen.

Rezept 1: *Gelbgrau*

1000 g Kastanienblätter
500 g Wolle

Vorbeize: Keine.

Färben: 1 Stunde sanft kochend, spülen.

Rezept 2: *Gelb*

im selben Sud
500 g Wolle

Vorbeize: 80 g Alaun, 1 Stunde.

Färben: 1 Stunde sanft kochend, spülen.

Rezept 3: *Grün, weich*

500 g Kastanienblätter
500 g Wolle

Vorbeize: 65 g Alaun, 1 Stunde.

Färben: 1 Stunde sanft kochend, Wolle herausnehmen, dem Farbbad 35 g gelöstes Eisensalz zusetzen, gut umrühren, Wolle wieder einlegen, ½ Stunde sanft kochend weiterfärben, waschen, spülen.

Rezept 4: *Mausgrau*

500 g Kastanienblätter
500 g Wolle

Vorbeize: Keine.

Färben: 1 Stunde sanft kochend, Wolle herausnehmen, dem Farbbad 15 g gelöstes Eisensalz zusetzen, gut umrühren, Wolle wieder einlegen, ½ Stunde sanft kochend weiterfärben, waschen, spülen.

Katechu – *Acacia catechu*

Das Katechu, ein importierter Farbstoff aus dem Kernholz der Akazie, kommt als dunkler, fest kandierter Brocken oder als Tafel in den Handel. Katechu färbt ganz besonders gut auf Baumwolle, Leinen, Sisal und Hanf. Man sollte es unbedingt einmal versuchen.

Sud: Katechu zerkleinern, in etwa 2 l Wasser geben und gleichmäßig, auf kleiner Flamme auflösen, langsam zum Kochen bringen und so lange kochen, bis alles vollkommen gelöst ist. Das Kochen und Auflösen muß sehr sorgfältig geschehen, damit das zu färbende Material nicht unregelmäßig gefärbt und fleckig wird. Nun erst in die zum Färben nötige Menge Wasser das aufgelöste Katechu geben und einmal kurz aufkochen.

Rezept 1: *Rotbraun, hell*

200 g Katechu
500 g Wolle

Vorbeize: Keine.

Färben: 1 Stunde sanft kochend, waschen, spülen.

Rezept 2: *Dunkelbraun*

200 g Katechu
500 g Wolle

Vorbeize: Keine.

Färben: 1 Stunde sanft kochend. Ein Entwicklungsbad aus 15 l Wasser und 40 g gelöstem Kupfersalz bereiten, zum Kochen bringen, etwas abkühlen lassen, darin das im Katechusud gefärbte Garn, ohne vorher zu spülen, ½ Stunde sanft kochend weiterfärben, waschen, spülen.

Rezept 3: Rötlichbraun

im selben Farbsud
500 g Wolle

Vorbeize: Keine.

Färben: 1 Stunde sanft kochend, Wolle herausnehmen, dem Farbbad 10 g gelöstes Eisensalz zugeben, gut umrühren, Wolle wieder einlegen, ½ Stunde sanft kochend weiterfärben, waschen, spülen.

Rezept 4: *Braun, tief warm*

200 g Katechu
500 g Wolle

Vorbeize: Keine.

Färben: 1 Stunde sanft kochend, Wolle herausnehmen, dem Farbbad 20 g gelöstes Chromkali zusetzen, gut umrühren, Wolle wieder einlegen, ½ Stunde sanft kochend weiterfärben, waschen, spülen.

Kerbel, wilder – *Anthriscus cerefolium*

Der wilde Kerbel ist ein zähes Unkraut, das man massenhaft auf frischgedüngten Wiesen findet. Die ganze Pflanze, kurz vor der Blüte April/Mai gepflückt, färbt frisch und getrocknet.

Sud: Die Kerbelpflanzen einweichen, 1–2 Stunden kochen, auskühlen lassen, abseihen.

Rezept 1: *Grüngelb*

500 g getrockneter Kerbel
500 g Wolle

Vorbeize: 70 g Alaun, 1 Stunde.

Färben: 1 Stunde sanft kochend, spülen.

Rezept 2: *Olivgrün*

500 g getrockneter Kerbel
500 g Wolle

Vorbeize: 70 g Alaun, 1 Stunde.

Färben: 1 Stunde sanft kochend, Wolle herausnehmen, dem Farbbad 30 g gelöstes Eisensalz zusetzen, gut umrühren, Wolle wieder einlegen, ½ Stunde sanft kochend weiterfärben, waschen, spülen.

Rezept 3: *Olivbraun*

500 g getrockneter Kerbel
500 g Wolle

Vorbeize: 70 g Alaun, 40 g Kupfersalz, 1 Stunde.

Färben: Färben und entwickeln wie in Rezept 2.

Kermesbeere – *Phytolacca americana*

Der im 17. Jahrhundert aus Amerika eingeführte Kermesstrauch wächst üppig auf Schutthalden, Brachfeldern und an Wegrändern im Mittelmeerklima. Die giftigen Beeren geben die, leider nicht lichtechte, Farbe. Sie werden vollreif im Herbst gepflückt und lassen sich frisch oder tiefgefroren verwenden.

Sud: Die Beeren gut zerdrücken und mit 10 g Weinsteinsäure über Nacht einweichen. Mit der zum Färben nötigen Menge Wasser 1 Stunde ziehen lassen, bis ca. 70 Grad erreicht sind, nicht kochen, damit die Farbe nicht braun wird, abseihen und das Tuch mit den Beerenresten gut über dem Farbsud ausdrücken.

Rezept 1: *Rot*

1000 g Kermesbeeren
500 g Wolle

Vorbeize: 50 g Alaun, 50 g Weinsteinsäure, 1 Stunde, 3 Tage feucht lagern, vor dem Färben einmal spülen.

Färben: 30 Minuten zwischen 60–70 Grad ziehen lassen, Wolle herausnehmen, 1 Tasse Apfelessig zugeben, Wolle wieder einlegen, weitere 30 Minuten bei gleicher Temperatur ziehen lassen, im Farbsud auskühlen lassen, spülen.

Rezept 2: *Rot, leuchtend*

2000 g Kermesbeeren
500 g Wolle

Vorbeize: Sud von 1000 g frischem Sauerampfer und 65 g Alaun, 1 Stunde kochend beizen, im Beizbad auskühlen lassen, 3 Tage feucht lagern, vor dem Färben einmal spülen.

Färben: Wie in Rezept 1, nur einmal an der Luft trocknen, bevor die Wolle gespült wird.

Kermeslaus – *Coccus ilicis*

Die Kermeslaus findet man nur auf den Blättern des Kermeseichenstrauches – Quercus coccifera –, der in den Mittelmeerländern in trockenen, felsigen Zonen wächst. Sie gehört zur Familie der Schildläuse und wird erbsengroß. Man kratzt sie im Mai/Juni mit Holzspachteln von den Blättern und legt sie 1 Nacht in unverdünnten Weinessig. Dann werden die Läuse auf Tüchern ausgebreitet und getrocknet. Diese getrockneten Kermesläuse lassen sich fast unbegrenzt aufbewahren.

Kermeslausfarben sind sehr echt und ganz besonders schön. Vor dem Einzug der mexikanischen Cochenillelaus im europäischen Lebensraum, wurden die echten roten Farbtöne mit der Kermeslaus erzielt. Die noch heute wunderbar erhaltenen roten Farben der romanischen und gotischen Wandbehänge sind mit Kermeslausfarben gefärbt, und sie besitzen noch immer ihre herrliche Leuchtkraft.

Sud: Die angegebene Menge Kermesläuse in einem Mörser sehr fein stoßen, 1 Nacht einweichen, in der zum Färben nötigen Menge Wasser 15 Minuten sprudelnd kochen, abschäumen und den Harzrand sowie die harzigen Rückstände mit einem Papiertuch entfernen, damit die Wolle nicht beim Färben fleckig wird.

Rezept 1: *Rot*

100 g Kermeslaus
500 g Wolle

Vorbeize: 100 g Alaun, 100 g Weizenkleie, 1 Stunde.

Färben: An Stöcken hängend im Farbsud umziehen, bis die rote Farbe aufgezogen ist, fallen lassen, 3/4 Stunde sanft kochend färben, gut spülen und die Kleie ausschütteln.

Rezept 2: *Scharlach*

150 g Kermeslaus
250 g Weizenkleie
500 g Wolle

Vorbeize: 100 g Alaun, 50 g Weinsteinsäure, 1 Stunde, 5 Tage feucht lagern.

Färben: Den Farbsud mit Weizenkleie bereiten, die Wolle an Stökken hängend umziehen, bis die Farbe aufgezogen ist, fallen lassen, 1 Stunde sanft kochend färben, gut spülen und die Kleie ausschütteln.

Kiefer – *Pinus sylvestris*

Überall in Europa kommen auf trockenen, sandigen Böden Kiefern vor. Zum Färben sammeln wir die abgefallenen Zapfen und bewahren sie trocken auf.

Sud: Die Kiefernzapfen gut einweichen und im Einweichwasser kühl liegenlassen. Bei einem Anschnitt muß der Zapfen völlig durchfeuchtet sein, erst dann gibt er die Farbe ab. Es kann bis zu einer Woche dauern, bis die Kiefernzapfen völlig durchweicht sind. Dann die Zapfen 4 Stunden sanft kochen, über Nacht auskühlen lassen, abseihen.

Rezept 1: *Sandfarben*

1500 g trockene Kiefernzapfen
500 g Wolle

Vorbeize: 80 g Alaun, 1 Stunde.

Färben: 1 Stunde sanft kochend, spülen.

Rezept 2: *Graubraun*

im selben Sud
500 g Wolle

Vorbeize: 80 g Alaun, 1 Stunde.

Färben: 1 Stunde sanft kochend, Wolle herausnehmen, 70 g gelöstes Eisensalz dem Farbbad zusetzen, gut umrühren, Wolle wieder einlegen, ½ Stunde sanft kochend weiterfärben, waschen, spülen.

Rezept 3: *Mittelbraun*

1500 g getrocknete Kiefernzapfen
500 g Wolle

Vorbeize: 15 g Chromkali, 1 Stunde.

Färben: ½–1 Stunde sanft kochend, waschen, spülen.

Alle Farben sind sehr haltbar und echt.

Kirsche – *Prunus cerasus*

Kirschbäume finden wir wohl in jedem Obstgarten und häufig auch wildwachsend. Die bastige Rinde am besten im Februar/März, nach dem Baumschnitt, sammeln und trocknen.

Sud: Die Rinden gut zerkleinern, 24 Stunden einweichen, 1–2 Stunden kochen, auskühlen lassen, abseihen.

Rezept 1: *Rötlichbraun*

1000 g Kirschbaumrinde
500 g Wolle

Vorbeize: Keine.

Färben: 1–2 Stunden sanft kochend, spülen.

Rezept 2: *Grau*

im selben Farbsud
500 g Wolle

Vorbeize: Keine.

Färben: 1–2 Stunden sanft kochend, Wolle herausnehmen, dem Farbbad 60 g gelöstes Eisensalz zusetzen, gut umrühren, Wolle wieder einlegen, ½ Stunde sanft kochend weiterfärben, waschen, spülen.

Rezept 3: *Goldbraun*

1000 g Kirschbaumrinde
500 g Wolle

Vorbeize: 75 g Alaun, 1 Stunde, 2 Tage feucht lagern.

Färben: 1 Stunde sanft kochend, spülen.

Rezept 4: *Bronzebraun*

im selben Farbsud
500 g Wolle

Vorbeize: 75 g Alaun, 1 Stunde, 2 Tage feucht lagern.

Färben: 1 Stunde sanft kochend, Wolle herausnehmen, dem Farbbad 30 g gelöstes Kupfersalz zusetzen, Wolle wieder einlegen, ½ Stunde sanft kochend weiterfärben, waschen, spülen.

Krähenbeere – *Empetrum nigrum*

In Heide, Dünen, alpinen Matten und Tundren sind die flachwachsenden Sträucher der Krähenbeere reichlich zu finden. Die kleinen, schwarzen Beeren kann man vollreif im Juli ernten, sie können frisch oder getrocknet verwendet werden.

Sud: Die Krähenbeeren ½ Stunde sprudelnd kochen, abseihen, den Beutel mit den Beeren kräftig über dem Farbbad auspressen und in das Farbbad hängen. Krähenbeeren sind sehr gerbsäurehaltig und färben daher verhältnismäßig echt.

Rezept 1: *Rosenholz*
1000 g Krähenbeeren
500 g Wolle
Vorbeize: 50 g Eisensalz, 80 g Weinsteinrahm, 1 Stunde.
Färben: 1 Stunde sanft kochend, waschen, spülen.

Rezept 2: *Blaugrau*
im selben Farbsud
500 g Wolle
Vorbeize: Keine.
Färben: In den Farbsud 150 g Seesalz geben, gut umrühren, 1 Stunde sanft kochend färben, über Nacht im Farbbad auskühlen lassen, waschen, spülen.

Krapp – *Rubia tinctoria*

Krapp oder Färberöte ist eine sehr alte Färbepflanze aus dem Mittelmeerraum, die aber schon seit langer Zeit auch im gemäßigten Klima angebaut wird. Krapp findet man nicht wildwachsend, man kann ihn aber gut selbst anpflanzen. Die etwas unscheinbare Pflanze entwickelt große, starke Wurzelstöcke, in denen die Farbe enthalten ist. Im dritten Wachstumsjahr wird die Wurzel geerntet, scharf getrocknet, zu Spänen gehobelt und trocken aufbewahrt. Man kann Krapp als Späne oder in Pulverform kaufen.

Sud: Die gewünschte Menge Krapp sehr fein mahlen oder stoßen. Da Krapp sehr aufquillt, mit reichlich Wasser über Nacht einweichen. Ein Zusatz von Weizenkleie beim Einweichen macht die Farben leuchtender. Die Farbe verliert an Röte und Leuchtkraft, wenn das Material kochend gefärbt wird.

Rezept 1: *Backsteinrot, schwer*

300 g Krapp
500 g Wolle

Vorbeize: 100 g Alaun, 1½ Stunde, 1 Woche feucht lagern, vor dem Färben einmal spülen.

Färben: Die Wolle an Stöcken hängend in dem 40 Grad warmen Farbsud umziehen, auf 70 Grad erwärmen, Wolle fallen lassen, 1 Stunde auf 70 Grad halten, einmal kurz aufkochen, gut spülen.

Rezept 2: *Pfirsichrot*

im selben Farbsud
500 g Wolle

Vorbeize: 100 g Alaun, 30 g Weinsteinrahm, wie Rezept 1.

Färben: Wie Rezept 1.

Rezept 3: *Ziegelrot, leuchtend*

300 g Krapp
250 g Weizenkleie
500 g Wolle

Vorbeize: 100 g Alaun, 30 g Weinsteinrahm, wie Rezept 1.

Färben: Dem Farbsud 250 g Weizenkleie zusetzen, sonst wie Rezept 1.

Rezept 4: *Gelbrot*

im selben Farbsud
250 g Wolle

Vorbeize: 50 g Alaun, 15 g Weinsteinrahm, wie Rezept 1.

Färben: Wie Rezept 1.

Rezept 5: *Braunrot*

1000 g Krapp
500 g Wolle

Vorbeize: 100 g Alaun, 30 g Weinsteinrahm, wie Rezept 1.

Färben: Wie Rezept 1, dann Wolle aus dem Farbbad nehmen, dem Farbbad 40 g geweichtes Gallapfelpulver und 10 g gelöstes Eisensalz zusetzen, gut umrühren, Wolle wieder einlegen, ½ Stunde sanft kochend weiterfärben, waschen, spülen.

Rezept 6: *Braunrot, hell*

im selben Farbsud
250 g Wolle

Vorbeize: 50 g Alaun, 15 g Weinsteinrahm, wie Rezept 1.

Färben: 1 Stunde sanft kochend, waschen, spülen.

Rezept 7: *Rot, sehr klar*

150 g Krapp
500 g Wolle

Vorbeize: 100 g Alaun, 1½ Stunden.

Färben: Wie Rezept 1, gut spülen.

Rezept 8: *Rotbraun*

500 g Krapp
500 g Wolle

Vorbeize: 30 g Kupfersalz, 1 Stunde.

Färben: Wie Rezept 1, dann Wolle aus dem Farbbad nehmen, dem Farbbad 20g gelöstes Eisensalz zusetzen, gut umrühren, Wolle wieder einlegen, ½ Stunde sanft kochend weiterfärben, waschen, spülen.

Aus meinem alten Färbebuch von 1800

Englischrot auf Leinen und Baumwolle

Beizbad für 500 g Material:
100 g Alaun
65 g Weinsteinsäure
5 g Zinnsalz
250 g Weizenkleie.

Alles gut mischen, die entsprechende Menge Wasser auffüllen, einmal aufkochen lassen und vom Feuer nehmen. 500 g Leinen oder Baumwolle, die vorher einige Stunden mit Grüner Seife gekocht, gewaschen und gut gespült wurden, feucht in dieses Beizbad legen. Über Nacht darin liegen lassen, am Morgen 1½ Stunden kochen, auskühlen lassen und gut durchspülen.

Farbbad für 500 g Material:
500 g feingemahlener Krapp
125 g feingestoßener Orleansamen
90 g Kurkumapulver

zusammen mischen und zu einem flüssigen Brei rühren, 1 Nacht weichen. Diesen Brei in der zum Färben nötigen Menge Wasser lösen, langsam erwärmen, bei 70 Grad das Material an Stöcken ins Farbbad hängen, ¾ Stunde zwischen 70 und 80 Grad Temperatur halten und das Färbematerial dabei fleißig umziehen, dann fallen lassen, einmal kräftig aufkochen, herausnehmen und gut spülen.
In diesem Restbad läßt sich wunderbar eine auf Alaun sanft gebeizte Seide nachfärben.

Mischungen mit Krapp und verschiedenen gelbfärbenden Pflanzen. Alle Rezepte sind besonders leuchtend und farbecht.

Rezept 1: *Orange*
1000 g Birkenlaub
100 g Krapp
500 g Wolle

Vorbeize: 100 g Alaun, 1½ Stunden, 1 Woche feucht lagern.

Färben: Das Farbbad aus Birkenlaub und Krapp bereiten, 1 Stunde sanft kochend färben, Wolle herausnehmen, dem Farbbad 5 g gelöstes Eisensalz zusetzen, gut umrühren, Wolle wieder einlegen, ½ Stunde sanft kochend weiterfärben, einmal aufkochen lassen, waschen, spülen.

Rezept 2: *Orange, sehr leuchtend*

in 2 Bädern zu färben:
500 g Birkenlaub
75 g Krapp
100 g Weizenkleie
500 g Wolle

Vorbeize: 100 g Alaun, 30 g Weinsteinrahm, 1 Stunde.

Färben: Zuerst den Birkensud bereiten, 1 Stunde sanft kochend färben, Wolle herausnehmen, trocknen ohne zu spülen. Den zweiten Sud aus Krapp und Weizenkleie bereiten, auf 40 Grad erwärmen, die Wolle an Stöcken hängend umziehen, bei 70 Grad fallen lassen, 1 Stunde bei 70 Grad halten, einmal aufkochen lassen, spülen.

Rezept 3: *Orange, hell*

100 g gemahlener Krapp
50 g gemahlenes Gelbholz
500 g Wolle

Vorbeize: 50 g Alaun, 1 Stunde.

Färben: Wie Rezept 1 orange.

Rezept 4: *Orange, bräunlich*

100 g Krapp
500 g Zwiebelschalen
500 g Wolle

Vorbeize: 100 g Alaun, 30 g Weinsteinrahm, 1 Stunde, 3 Tage feucht lagern.

Färben: Den Sud von Krapp und Zwiebelschalen zusammen bereiten. Wie in Rezept 1 Orange färben, Wolle herausnehmen, dem Farbbad 10 g gelöstes Chromkali zusetzen, gut umrühren, Wolle wieder einlegen, ½ Stunde sanft kochend weiterfärben, waschen, spülen.

Diese Färbung ist ganz besonders echt.

Kreuzdorn – Gelbbeere – *Rhamnus catharticus*

Diesen kleinen Strauch findet man an Waldrändern, Trockenwäldern und Knicks. Man erntet die grünen, giftigen Beeren etwa Mitte Juli. Man kann sie frisch verwenden, klarer werden aber die Farben aus getrockneten Beeren.

Sud: Die Beeren im Mörser kleinstoßen, mit Wasser bedeckt einige Stunden stehen lassen zum weichen, mit der nötigen Menge Wasser 3/4 Stunde kochen, abseihen.
Gelbbeerenfärbungen sind zwar wasch- und reibecht, aber nicht lichtecht und daher für wertvolle Gobelinarbeiten nicht zu empfehlen, sie eignen sich aber gut für Seide.

Rezept 1: *Gelb*

500 g getrocknete Gelbbeeren
500 g Wolle

Vorbeize: 120 g Alaun, 1 Stunde, 4 Tage feucht lagern.

Färben: 1 Stunde bei 70–80 Grad, nur einmal kurz aufkochen lassen, da sonst die Farbe nicht klar wird, spülen.
Seide, ohne zu kochen, nur bei 70–80 Grad färben, niemals aufkochen lassen!

Rezept 2: *Olivgrün*

im selben Sud
500 g Wolle

Vorbeize: 120 g Alaun, 1 Stunde, 4 Tage feucht lagern.

Färben: 1 Stunde bei 80 Grad, Wolle herausnehmen, dem Farbbad 60 g gelöstes Eisensalz zusetzen, gut umrühren, Wolle wieder einlegen, 1/2 Stunde unter dem Siedepunkt weiterfärben. Auch diese Färbung wird schön auf Seide.

Rezept 3: *Bronzegelb*

250 g getrocknete Gelbbeeren
500 g Wolle

Vorbeize: 30 g Kupfersalz, 1 Stunde.

Färben: 1 Stunde sanft kochend, waschen, spülen.

Durch die Kupferbeize wird dieser Ton lichtecht.

Kurkuma – *Curcuma tinctoria*

Kurkuma ist eine alte Gewürzpflanze aus dem Orient, die man heute in Pulverform in jedem Gewürzladen kaufen kann. Leider ist Kurkuma wenig lichtecht, darum nicht für wertvolle Arbeiten verwenden.

Sud: Das Kurkumapulver in einem Porzellanschälchen zu einem dünnen Brei anrühren und über Nacht weichen lassen. Am nächsten Tag in der zum Färben nötigen Menge Wasser 1 Stunde kochen, abseihen.

Rezept 1: *Orangegelb*

250 g Kurkumapulver
500 g Wolle

Vorbeize: Keine.

Färben: Bei 80 Grad 1 Stunde, gut spülen.

Nicht lichtecht, aber wasch- und reibfest.

Rezept 2: *Grün, kräftig*

250 g Kurkumapulver
500 g Wolle

Vorbeize: 50 g Kupfersalz, 1 Stunde.

Färben: 1 Stunde sanft kochend, waschen, spülen.

Rezept 3: *Blaugrün*

250 g Kurkumapulver
20 Tropfen Indigopaste
500 g Wolle

Vorbeize: 80 g Alaun, 1 Stunde.

Färben: Die Hälfte des Beizbades wegschütten und mit kaltem Wasser auffüllen, die Indigopaste tropfenweise zugeben, gut verrühren, ½ Stunde sanft kochend färben, Wolle herausnehmen und im Kurkumabad 1 Stunde sanft kochend weiterfärben, waschen, spülen.

Diese Farbe ist echt.

Rezept 4: *Gelbgrün, kräftig*

im selben Farbsud
500 g Wolle

Vorbeize: 65 g Alaun, 1 Stunde.

Färben: 1 Stunde sanft kochend, waschen, spülen.

Rezept 5: *Orangerot*

250 g Kurkuma
20 g Cochenille
20 g Weinsteinsäure
500 g Wolle

Vorbeize: 65 g Alaun, 1 Stunde.

Färben: Im Kurkumabad ½ Stunde sanft kochend, Wolle herausnehmen. Die Cochenille wurde mit der Weinsteinsäure am Abend vorher zu einem Brei verrührt und eingeweicht. Diesen Brei jetzt dem Kurkumabad zusetzen, gut umrühren, 15 Minuten schnell kochen lassen, die Harzränder entfernen, auf 40 Grad abkühlen lassen, die gelb vorgefärbte Wolle an Stöcken hängend im Farbbad umziehen, bei 70 Grad fallen lassen, ½ Stunde sanft kochend weiterfärben, waschen, spülen.

Rezept 6: *Pfirsichrot*

im selben Farbsud
250 g Wolle

Vorbeize: 40 g Alaun, 1 Stunde.

Färben: 1 Stunde sanft kochend, gut spülen.

Labkraut – *Galium boreale oder verum*

Das Labkraut findet man sehr häufig an Wegrainen und auf Trockenrasen. Durch seinen starken Honiggeruch ist es gut zu erkennen. Man verwendet zum Färben die Wurzeln, die man kurz vor der Blüte Anfang Juli erntet. Das weitverbreitete Wurzelgeflecht ausgraben und vom Sand befreien, schnell und kräftig trocknen. Es ist in getrocknetem Zustand lange haltbar.

Sud: Die Wurzeln gut zerkleinern, um so mehr Farbe geben sie ab, über Nacht einweichen, 1 Stunde kochen, auskühlen lassen, abseihen.

Rezept 1: *Mattrot*

500 g Labkrautwurzeln
500 g Wolle

Vorbeize: 80 g Alaun, 1½ Stunden, 8 Tage feucht lagern.

Färben: Bei 40 Grad die Wolle an Stöcken hängend umziehen, bei 70 Grad fallen lassen, ½ Stunde sanft kochend färben, spülen.

Rezept 2: *Rot, kräftig*

750 g Labkrautwurzeln
500 g Wolle

Vorbeize: 80 g Alaun, 30 g Weinsteinrahm, beizen wie vordem.

Färben: Wie vordem.

Rezept 3: *Braunrot, echt*

500 g Labkrautwurzeln
500 g Wolle

Vorbeize: 10 g Chromkali, 1 Stunde.

Färben: 1 Stunde sanft kochend, waschen, spülen.

Lärche – *Larix decidua*

Lärchen finden wir in fast allen Mischwäldern. Im Herbst sammeln wir die abgefallenen Nadeln und trocknen sie. Dazu ein kleiner Tip: Kurz vor dem Nadelfall eine große Plastikplane unter einen Lärchenbaum ausbreiten und liegen lassen. Danach braucht man die Nadeln nur auf der Plane zusammenzuschieben und erhält dadurch die Lärchennadeln fast ohne Verschmutzung.
Die Lärchennadeln gut trocknen und luftig aufbewahren.
Sud: Die Lärchennadeln 1 Nacht im Kupferkessel einweichen, dann 4 Stunden kochen, über Nacht im Sud auskühlen lassen, abseihen.

Rezept 1: *Braungelb*

5000 g Lärchennadeln
500 g Wolle

Vorbeize: 100 g Alaun, 1 Stunde.

Färben: 1 Stunde sanft kochend, spülen.

Rezept 2: *Braun*

im selben Farbsud
500 g Wolle

Vorbeize: 100 g Alaun, 1 Stunde.

Färben: 1 Stunde sanft kochend, Wolle herausnehmen, dem Farbbad 30 g gelöstes Kupfersalz zusetzen, gut umrühren, Wolle wieder einlegen, ½ Stunde sanft kochend weiterfärben, waschen, spülen.

Rezept 3: *Rötlichbraun*

im selben Farbsud
50 g Krapp
500 g Wolle

Vorbeize: 100 g Alaun, 1 Stunde.

Färben: Den gemahlenen Krapp 1 Nacht einweichen, dem Farbsud zusetzen, gut umrühren, auf 40 Grad erwärmen, die Wolle an Stöcken hängend umziehen, bei 70 Grad fallen lassen, 1 Stunde bei 70–80 Grad färben, spülen.

Liguster – Rainweide – *Ligustrum vulgare*

Liguster findet man häufig als Heckensträucher, an Knicks, Waldrändern und Gebüschen. Zum Färben kann man Blätter und Beeren gebrauchen. Vorsicht, die Beeren sind giftig! Man pflückt die Blätter vollentwickelt und trocknet sie, die Beeren ernten, wenn sie vollreif sind und frisch gebrauchen oder einfrieren.

Sud: Die Blätter etwa 1 Stunde einweichen, 1 Stunde kochen, auskühlen lassen, abseihen.
Die Beeren 1 Stunde sprudelnd kochen, in ein Tuch seihen, das Tuch kräftig über dem Farbsud ausdrücken und in den Sud hängen.

Rezept 1: *Gelb*

1000 g Ligusterblätter
500 g Wolle

Vorbeize: 80 g Alaun, 1 Stunde.

Färben: 1 Stunde sanft kochend, spülen.

Rezept 2: *Olivgrün*

1000 g Ligusterblätter
500 g Wolle

Vorbeize: 80 g Alaun, 1 Stunde.

Färben: 1 Stunde sanft kochend, Wolle herausnehmen, dem Farbbad 50 g gelöstes Eisensalz zusetzen, gut umrühren, Wolle wieder einlegen, ½ Stunde sanft kochend weiterfärben, waschen, spülen.

Rezept 3: *Blaugrün*

1000 g Ligusterbeeren
500 g Wolle

Vorbeize: 80 g Alaun, 40 g Weinsteinrahm, 1 Stunde, 3 Tage feucht lagern.

Färben: 1 Stunde sanft kochend, Wolle herausnehmen, dem Farbbad 30 g gelöstes Kupfersalz zusetzen, gut umrühren, Wolle wieder einlegen, ½ Stunde sanft kochend weiterfärben, waschen, spülen.

Lilie – *Lilium*

Wildwachsende Lilien stehen unter Naturschutz, daher müssen wir uns mit den Blättern der Gartenlilien helfen. Die Lilienblätter färben am besten frisch, wir schneiden sie im Frühjahr zur Blütezeit oder kurz vor der Blüte.

Sud: Die Lilienblätter kleinschneiden, langsam zum Kochen bringen, 1 Stunde kochen, im Sud auskühlen lassen, abseihen.

Rezept 1: *Gelb*

1000 g Lilienblätter
500 g Wolle

Vorbeize: 80 g Alaun, 1 Stunde.

Färben: 1 Stunde sanft kochend, spülen.

Wenn man reichlich Lilienblätter hat, sollte man verschiedene Beizen ausprobieren, die alle schöne Farbtöne ergeben.

Maiglöckchen – *Convallaria majalis*

Da die Maiglöckchen zum Teil unter Naturschutz stehen, sollte man sie im Färbegarten anpflanzen. Sie sind allerdings oft so reichlich, fast wuchernd, in Laubwäldern zu finden, daß man die Blätter nach der Blüte auch dort schneiden kann. Sie lassen sich am besten frisch verwenden.

Sud: Die Blätter kleinschneiden, 1–2 Stunden kochen, auskühlen lassen, abseihen.

Rezept 1: *Orangegelb*

1000 g Maiglöckchenblätter
500 g Wolle

Vorbeize: 80 g Alaun, 35 g Weinsteinrahm, 1 Stunde.

Färben: 1 Stunde sanft kochend, spülen.

Bei reichlicher Blätterernte auch andere Beizen versuchen.

Malve – *Malva silvestris*

Die wilde Malve wächst an Wegrändern, Bahndämmen und auf Schutthalden. Sie ist nicht sehr häufig zu finden, man sollte sich daher nach Möglichkeit ein Malvenbeet anlegen. Die Malvenblüten werden vollerblüht gesammelt und lassen sich gut getrocknet aufbewahren. Auch gekaufte, getrocknete Malvenblüten eignen sich gut zum Färben.

Sud: Die Blütenblätter im Mixer ganz fein zerkleinern, ½ Stunde kochen, durch ein Mulltuch abseihen. Bei ganzen Malvenblüten 1 Stunde einweichen, 1 Stunde kochen, abseihen.

Rezept 1: *Rosenholz, kräftig*

1000 g Blütenblätter
500 g Wolle

Vorbeize: 100 g Alaun, 40 g Weinsteinrahm, 1 Stunde, 4 Tage feucht lagern.

Färben: 1 Stunde sanft kochend, Wolle herausnehmen, dem Farbbad 1 Tasse Apfelessig zugeben, Wolle wieder einlegen, im Farbbad auskühlen lassen, damit die Farbe intensiver wird, spülen.

Rezept 2: *Rosenholz, zart*
im selben Farbsud
500 g Wolle

Vorbeize: 100 g Alaun, 40 g Weinsteinrahm, 1 Stunde, 4 Tage feucht lagern.

Färben: Wie Rezept 1.

Rezept 3: *Grün, dunkel*
500 g ganze Malvenblüten
500 g Wolle

Vorbeize: 15 g Chromkali, 1 Stunde.

Färben: 1 Stunde sanft kochend, waschen, spülen.

Rezept 4: *Hellgrün*
im selben Farbsud
500 g Wolle

Vorbeize: 15 g Chromkali, 1 Stunde.

Färben: 1 Stunde sanft kochend, waschen, spülen.

Maulbeere – *Morus*

Der Maulbeerbaum wächst in den wärmeren Zonen Europas, in Deutschland findet man ihn manchmal angepflanzt und auch verwildert.
Die innere Bastrinde des Maulbeerbaumes gibt gute graubeige und graugrüne Farbtöne.

Sud: Die Rinde zerkleinern, 24 Stunden einweichen, 3 Stunden kochen, auskühlen lassen, abseihen.

Rezept 1: *Graubeige*
1000 g Maulbeerbaumrinde
500 g Wolle

Vorbeize: 100 g Alaun, 1 Stunde.

Färben: 1–2 Stunden sanft kochend, spülen.

Rezept 2: *Graugrün*

im selben Farbsud

500 g Wolle

Vorbeize: 80 g Alaun, 1 Stunde.

Färben: 1–2 Stunden sanft kochend, Wolle herausnehmen, dem Farbbad 50 g gelöstes Eisensalz zusetzen, gut umrühren, Wolle wieder einlegen, abkühlen lassen, ½ Stunde sanft kochend weiterfärben, waschen, spülen.

Möhre – *Daucus carota*

Wenn man kein wildes Möhrenkraut findet, kann man mit dem frischen, grünen Kraut der Gemüsemöhre dieselben Farben erzielen. Die wilde Möhre vor der Blüte ernten, das Kraut der Gartenmöhre bei der Gemüseernte schneiden. Möhrenkraut färbt frisch und getrocknet.

Sud: Das Möhrenkraut kleinschneiden, 1–2 Stunden einweichen, 2 Stunden sanft kochen, auskühlen lassen, abseihen.

Rezept 1: *Gelb*

1000 g frisches Möhrenkraut

500 g Wolle

Vorbeize: 65 g Alaun, 1 Stunde, 3 Tage feucht lagern.

Färben: 1 Stunde sanft kochend, spülen.

Rezept 2: *Moosgrün*

1000 g frisches Möhrenkraut

500 g Wolle

Vorbeize: 65 g Alaun, 1 Stunde, 3 Tage feucht lagern.

Färben: 1 Stunde sanft kochend, Wolle herausnehmen, dem Farbbad 15 g gelöstes Eisensalz zusetzen, gut umrühren, Wolle wieder einlegen, ½ Stunde sanft kochend weiterfärben, waschen, spülen.

Ochsenzunge – Alkanna – *Anchusa tinctoria*

Ochsenzunge oder Alkanna ist eine alte, in Europa und Amerika bekannte Färbepflanze, die selten wildwachsend zu finden ist. Man besorgt sich am besten aus botanischen Gärten Alkanna-Samen und zieht die Pflanzen selbst. Man muß die Pflänzchen im Saatbeet aussäen und verpflanzen. Alkanna ist eine mehrjährige Pflanze, von der wir im zweiten Jahr die Wurzeln zum Färben ernten. Man muß aber dafür sorgen, daß die Pflanzen sich selber wieder aussäen. Die Wurzeln reinigen, scharf trocknen und luftig aufbewahren.
Man kann Alkannawurzeln auch in Drogenhandlungen kaufen.

Sud: Die Wurzeln zerkleinern und fein mahlen, über Nacht einweichen, 1 Stunde sprudelnd kochen, abseihen.

Rezept 1: *Grauviolett*
1000 g Alkannawurzeln
500 g Wolle
Vorbeize: 80 g Alaun, 40 g Weinsteinsäure, 1½ Stunde.
Färben: 1 Stunde sanft kochend, im Farbbad auskühlen lassen, spülen.

Rezept 2: *Graurötlich*
im selben Farbsud
500 g Wolle
Vorbeize: 70 g Alaun, 40 g Weinsteinrahm, 1 Stunde.
Färben: 1 Stunde sanft kochend, spülen.

Rezept 3: *Khakigrün*
im selben Sud
500 g Wolle
Vorbeize: 15 g Chromkali, 1 Stunde.
Färben: 1 Stunde sanft kochend, waschen, spülen.

Rezept 4: *Purpur-Grauviolett*

500 g Alkannawurzeln
500 g Wolle

Vorbeize: 80 g Alaun, 1000 g Sauerampfer, 1 Stunde.

Färben: Dem Farbsud 50 g Weinsteinsäure zusetzen, 1 Stunde sanft kochend färben, Wolle herausnehmen, dem Farbband 1 Tasse Apfelessig zugeben, Wolle wieder einlegen, waschen, spülen.

Orlean – *Dixa orellana*

Der Orlean ist ein tropischer Strauch, dessen Farbstoff in den Samenkapseln enthalten ist. Versuche, einen Orleanstrauch zu ziehen, schlugen leider fehl. Man erhält den Samen aber im Drogenhandel.

Sud: Orleansamen im Mörser zerstoßen und über Nacht mit etwas Wasser, unter Zugabe von reinem Soda, einweichen. Am nächsten Tag 1 Stunde kochen, auskühlen lassen, abseihen. Die Samenreste in einem Mullsack in das Farbbad hängen.

Rezept 1: *Orange*

500 g Orleansamen
50 g reines Soda
500 g Wolle

Vorbeize: 15 g Alaun, 1 Stunde.

Färben: 1 Stunde sanft kochend, spülen.

Rezept 2: *Orange, sehr leuchtend*

im selben Farbsud
500 g Wolle

Vorbeize: 5 g Zinnsalz, 1 Stunde.

Färben: 1 Stunde sanft kochend, waschen, spülen.

Nun noch ein altes Rezept, um dauerhafte gelbe Farben auf Leinen und Baumwolle zu färben:

500 g Garn in einem Beizbad von 100 g Alaun 1 Stunde sprudelnd kochen. Ein Birkenaschebad bereiten, das so stark ist, daß 1 Ei darauf schwimmt: 3000 g Birkenasche (falls nicht erhältlich 200 g Pottasche) mit 15 l kochendem Wasser übergießen, abkühlen lassen, bis die Brühe klar ist, durch ein Mulltuch sorgsam abseihen.
35 g Orleansamen kleinstoßen, über Nacht mit 1 Tasse Essig einweichen, dem Birkenaschesud beigeben und 1 Stunde kochen, auf 40 Grad abkühlen lassen, das Garn hineinlegen und 1 Stunde kochend färben, im Farbsud auskühlen lassen, spülen.
Wenn das Aschebad stark genug ist, wird Leinen oder Baumwolle bei dieser Färbung sehr echt gefärbt.

Petersilie – *Petroselium sativum oder crispum*

Die frische, grüne Petersilie aus unserem Gemüsegarten oder vom Markt ergibt haltbare gelbe Farben. Man kann sie auch getrocknet verwenden.

Sud: Petersilie kleinhacken, getrocknete zwischen den Händen zerreiben und einweichen, 1 Stunde kochen, auskühlen lassen, abseihen.

Rezept 1: *Gelb, hell*
1000 g frische Petersilie
500 g Wolle
Vorbeize: 10 g Chromkali, 1 Stunde.
Färben: 1 Stunde sanft kochend, spülen.

Rezept 2: *Grünlichgelb*
im selben Farbsud
50 g Alaun
500 g Wolle
Vorbeize: Keine.
Färben: Dem Restfarbsud von Rezept 1 das Alaun zusetzen, 1 Stunde sanft kochend färben, spülen.

Es lohnt sich bei Petersilienfärbungen auch andere Beizen auszuprobieren.

Pflaume – *Prunus domestica*

Von den verschiedenen Pflaumensorten färben am besten die Zwetschgen. Man verwendet Rinden, Blätter und Früchte.
Man löst die Bastschichten der Rinden im Frühjahr von gefällten Bäumen, die Blätter sammelt man vollentwickelt, und die Früchte erntet man am besten vollreif.

Sud: Die Rinden gut zerkleinern, 1–2 Tage einweichen, einige Stunden kochen, auskühlen lassen, abseihen, im Mullbeutel in das Farbbad hängen. Die vollreifen Früchte mit Stein ¾ Stunde kochen, auskühlen lassen, abseihen und über dem Farbsud kräftig ausdrücken.
Das Laub einige Stunden einweichen, 1 Stunde im Einweichwasser kochen, über Nacht im Sud auskühlen lassen, abseihen und die Blätter ausdrücken.

Rezept 1: *Rötlichbraun*
500 g Rinde
500 g Wolle

Vorbeize: Keine.

Färben: 1 Stunde sanft kochend, spülen.

Rezept 2: *Schwarz, mit Braunstich*
1000 g Rinde
500 g Wolle

Vorbeize: Keine.

Färben: 1 Stunde sanft kochend, Wolle herausnehmen, dem Farbbad 80 g gelöstes Eisensalz zusetzen, gut umrühren, auf 40 Grad abkühlen lassen, die Wolle an Stöcken hängend umziehen, bei 70 Grad fallen lassen, ½ Stunde sanft kochend weiterfärben, waschen, spülen.

Rezept 3: *Orange*
1500 g Rinde
500 g Wolle

Vorbeize: 70 g Alaun, 1 Stunde.

Färben: 1 Stunde sanft kochend, spülen.

Rezept 4: *Rehbraun*

Den Farbsud von Rezept 3 teilen.

In der ersten Hälfte 500 g Wolle ohne Beize 1–2 Stunden färben, Wolle herausnehmen, dem Farbbad 30 g gelöstes Kupfersalz zusetzen, gut umrühren, Wolle wieder einlegen, ½ Stunde sanft kochend weiterfärben, waschen, spülen.

Rezept 5: *Rotbraun*

zweite Hälfte des Farbsudes von Rezept 3
500 g Wolle

Vorbeize: 15 g Chromkali, 1 Stunde.

Färben: 1 Stunde sanft kochend, waschen, spülen.

Rezept 6: *Rotlila*

1000 g reife Zwetschgen
500 g Wolle

Vorbeize: 70 g Alaun, 30 g Weinsteinrahm, 20 g Seesalz, 1 Stunde.

Färben: 1 Stunde nicht über 80 Grad, damit die Wolle nicht braun wird, Wolle herausnehmen, dem Farbbad 2 Tassen Apfelessig zugeben, Wolle wieder einlegen, im Farbbad auskühlen lassen, spülen.

Diese Farbe ist nicht lichtecht.

Querzitron – Flavin – *Quercus tinctoria*

Querzitron ist das innere Rindenholz einer mittelamerikanischen Eichenart. Es kommt als Extrakt oder als Späne in den Handel.

Sud: Die Späne mindestens 24 Stunden, den Extrakt nur über Nacht weichen lassen, 1 Stunde kochen, auskühlen lassen, abseihen.

Rezept 1: *Gelb, kräftig*

30 g Querzitronextrakt
500 g Wolle

Vorbeize: 65 g Alaun, 1 Stunde.

Färben: ½ Stunde sanft kochend, Wolle herausnehmen, trocknen. Am nächsten Tage im selben Farbbad ½ Stunde nachfärben, spülen.

Rezept 2: *Orangerot*

30 g Querzitronextrakt
20 g Cochenille
500 g Wolle

Vorbeize: 50 g Alaun, 1 Stunde.

Färben: 1 Stunde sanft kochend, Wolle herausnehmen, antrocknen. Aus 20 g Cochenille und 35 g Weinsteinsäure einen Farbsud bereiten, die vorgefärbte Wolle an Stöcken hängend in diesem Farbsud umziehen, bei 70 Grad fallen lassen, ½ Stunde sanft kochend weiterfärben. Wolle herausnehmen, dem Farbbad 5 g Zinnsalz zusetzen, gut umrühren, Wolle wieder einlegen, 15 Minuten sanft kochend weiterfärben, waschen, spülen.

Rezept 3: *Grüngelb, kräftig*

25 g Querzitronextrakt
5 Tropfen Indigopaste
500 g Wolle

Vorbeize: 65 g Alaun, 1 Stunde.

Färben: Die Hälfte des Beizbades wegschütten und mit kaltem Wasser auffüllen, die Indigopaste tropfenweise zugeben, gut verrühren, 1 Stunde sanft kochend färben, Wolle herausnehmen und in dem Farbsud vom Querzitron ½ Stunde sanft kochend weiterfärben, gründlich spülen.

Rainfarn – *Tanacetum oder Chrysanthemun vulgare*

Der Rainfarn kommt reichlich als Unkraut an Wegen, Bahndämmen und auf Schuttplätzen vor. Kurz vor der Blüte schneidet man im Juli das ganze Kraut. Es ergibt besonders klare Farben, wenn es getrocknet verwendet wird.

Sud: Den getrockneten Rainfarn kleinschneiden, gut einweichen, 2 Stunden kochen, auskühlen lassen, abseihen.

Rezept 1: *Goldorange*

1000 g getrockneter Rainfarn
500 g Wolle

Vorbeize: 100 g Alaun, 1 Stunde, 3 Tage feucht lagern.

Färben: Dem Farbsud 1 EL 25prozentiges Ammoniak zusetzen, 1 Stunde sanft kochend färben, waschen, spülen.

Rezept 2: *Gelbgrün*

2000 g getrockneter Rainfarn
500 g Wolle

Vorbeize: 100 g Alaun, 1 Stunde.

Färben: 1 Stunde sanft kochend, spülen.

Rezept 3: *Dunkelgrau*

im selben Farbsud
500 g Wolle

Vorbeize: 70 g Alaun, 1 Stunde.

Färben: Dem Farbsud 30 g gelöstes Eisensalz zusetzen, gut umrühren, 1 Stunde sanft kochend färben, waschen, spülen.

Rhabarber – *Rheum*

Mit Rhabarberwurzeln erzielt man auf einfache Weise ein ganz besonders schönes Grün.
Beim Ausroden der alten Rhabarberpflanzen die Wurzeln gut säubern und schnell trocknen.

Sud: Die getrockneten Rhabarberwurzeln kleinhacken, 2–3 Tage einweichen, 2–3 Stunden kochen, im Sud auskühlen lassen, abseihen.

Rezept 1: *Reines Grün*

1000 g Rhabarberwurzeln
15 Tropfen Indigopaste
500 g Wolle

Vorbeize: 70 g Alaun, 15 g Weinsteinrahm, 1 Stunde.

Färben: Die Hälfte des Beizbades wegschütten und mit kaltem Wasser auffüllen, die Indigopaste tropfenweise zugeben, gut verrühren, ½ Stunde kochend färben. Die Wolle dann in den Rhabarberwurzelsud einlegen, langsam auf 80 Grad erwärmen, 1 Stunde bei 80 Grad halten, im Farbbad auskühlen lassen, waschen, spülen.

Ringelblume – *Calendula officinalis*

Diese anspruchslose, aber reichblühende Gartenblume sät sich immer wieder selbst aus. Anfang Juli, kurz vor der Blüte, schneiden wir die ganzen dickknospigen Blütenköpfe, die frisch oder getrocknet schöne gelbe Farbtöne ergeben.

Sud: Die Blütenköpfe einweichen, 1–2 Stunden sanft kochen, auskühlen lassen, abseihen.

Rezept 1: *Gelb, kräftig*

1500 g frische Blütenköpfe
500 g Wolle

Vorbeize: 50 g Alaun, 1 Stunde.

Färben: 1 Stunde sanft kochend, spülen.

Rezept 2: *Grün*

im selben Farbsud
500 g Wolle

Vorbeize: 50 g Alaun, 1 Stunde.

Färben: 1 Stunde sanft kochend, Wolle herausnehmen, dem Farbbad 30 g gelöstes Eisensalz zusetzen, gut umrühren, Wolle wieder einlegen, 1 Stunde sanft kochend weiterfärben, waschen, spülen.

Rezept 3: *Absinthgrün*

1000 g frische Blütenköpfe
5 Tropfen Indigopaste
500 g Wolle

Vorbeize: 80 g Alaun, 1 Stunde.

Färben: Die Hälfte des Beizbades wegschütten und mit kaltem Wasser auffüllen, die Indigopaste tropfenweise zugeben, gut verrühren, ½ Stunde sanft kochend färben, Wolle herausnehmen und im Farbsud der Ringelblume 1 Stunde sanft kochend weiterfärben, waschen, spülen.

Saflor – *Carthamus tinctoria*

Saflor oder Färberdistel ist eine alte, bekannte Färbepflanze, die sich, aus Asien kommend, in Mitteleuropa schnell verbreitet hat. Sie wird heute noch zur Gewinnung des Safloröls kultiviert. Der Farbstoff ist in den roten Blüten enthalten.
Man kann Saflor gut im Garten anbauen, die Samen sind käuflich. Die Distelknospen kurz vor der Blüte, Anfang bis Mitte Juli, schneiden und frisch oder getrocknet verwenden. Sie sind getrocknet lange haltbar.

Sud: Saflor einweichen, ¾ Stunde kochen, auskühlen lassen, abseihen, den Pflanzenrest im Mullbeutel in das Farbbad hängen.

Rezept 1: *Goldgelb*

500 g Distelknospen
500 g Wolle

Vorbeize: 80 g Alaun, 1 Stunde.

Färben: 1 Stunde sanft kochend, spülen.

Rezept 2: Braungold

500 g Distelknospen
500 g Wolle

Vorbeize: 20 g Chromkali, 1 Stunde.

Färben: 1 Stunde sanft kochend, waschen, spülen.

Rezept 3: *Goldgrün*

500 g Distelknospen
500 g Wolle

Vorbeize: 65 g Alaun, 1 Stunde.

Färben: 1 Stunde sanft kochend, Wolle herausnehmen, dem Farbbad 30 g gelöstes Eisensalz zusetzen, gut umrühren, Wolle wieder einlegen, ½ Stunde sanft kochend weiterfärben, waschen, spülen.

Sandelholz – *Pterocarpus santalinus*

Das Kernholz dieses tropischen Baumes enthält die rote Farbe. Da es sich um ein sehr hartes Holz handelt, färbt man am besten mit dem käuflich zu erwerbenden Pulver.

Sud: Das Sandelholzpulver am Abend vorher einweichen. Bei einigen Rezepten dem Einweichwasser schon Weinsteinsäure zugeben. Den Brei mit der zum Färben nötigen Menge Wasser mischen und zum Kochen bringen. 1 Stunde sanft kochen, auskühlen lassen, abseihen.

Rezept 1: *Rot, warm*
500 g Sandelholzpulver
500 g Wolle
Vorbeize: Keine.
Färben: 1 Stunde bei 80 Grad, über Nacht im Farbbad auskühlen lassen, spülen.

Rezept 2: *Hellrot*
im selben Farbsud
500 g Wolle
Vorbeize: Keine.
Färben: Wie in Rezept 1.

Rezept 3: *Orangerot*
500 g Sandelholzpulver
35 g Weinsteinsäure
500 g Wolle
Vorbeize: 65 g Alaun, 1 Stunde.
Färben: 1 Stunde bei 80 Grad, über Nacht im Farbbad auskühlen lassen, spülen.

Rezept 4: *Rotbraun*
500 g Sandelholzpulver
500 g Wolle
Vorbeize: 10 g Chromkali, 1 Stunde.
Färben: 1 Stunde sanft kochend, waschen, spülen.

Rezept 5: *Violett*

120 g Sandelholzpulver
120 g Brasilholzpulver
500 g Wolle

Vorbeize: 75 g Alaun, 35 g Weinsteinrahm, 1 Stunde.

Färben: ½ Stunde sanft kochend, Wolle herausnehmen, dem Farbbad 30 g gelöstes Kupfersalz zusetzen, gut umrühren, Wolle wieder einlegen, ½ Stunde sanft kochend weiterfärben, waschen, spülen.

Silberpappel – *Populus alba*

In Mischwäldern, feuchten Gehölzen und als Alleebaum überall in Europa zu finden. Silberpappelrinde bekommt man sehr gut, ebenso wie auch Eichen- und Birkenrinde, in Sägemühlen, wenn dort die Stämme nach dem Schlagen entrindet werden.

Sud: Die Pappelrinden sehr gut zerkleinern, 24 Stunden einweichen, 3–4 Stunden kochen, auskühlen lassen, abseihen.

Rezept 1: *Rötlichbraun, hell*

1000 g Pappelrinde
500 g Wolle

Vorbeize: 60 g Alaun, 35 g Weinsteinrahm, 1 Stunde, 3 Tage feucht lagern.

Färben: 1–2 Stunden sanft kochend, spülen.

Rezept 2: *Rehbraun*

im selben Farbsud
500 g Wolle

Vorbeize: 50 g Kupfersalz, 1 Stunde.

Färben: 1 Stunde sanft kochend, waschen, spülen.

Sonnenblume – *Helianthus annus*

Die Blütenblätter der Sonnenblume geben warme gelbe Farbtöne. Es lohnt sich, im Färbegarten eine Anzahl dieser fröhlichen Sommerblumen auszusäen. Wir benötigen nur die Blütenblätter, die etwa ab Mitte Juli abgezupft werden können und frisch verbraucht werden müssen.

Sud: Die Blütenblätter langsam zum Kochen bringen, 1 Stunde sanft kochen, auskühlen lassen, abseihen.

Rezept 1: *Kanariengelb*

1000 g Sonnenblumenblüten
500 g Wolle

Vorbeize: 35 g Alaun, 1 Stunde.

Färben: Dem Farbsud 1 EL 25prozentiges Ammoniak zusetzen, 1 Stunde sanft kochend färben, spülen.

Rezept 2: *Butterblumengelb*

2000 g Sonnenblumenblüten
500 g Wolle

Vorbeize: 35 g Alaun, 1 Stunde.

Färben: Wie in Rezept 1.

Rezept 3: *Orange*

3000 g Sonnenblumenblüten
500 g Wolle

Vorbeize: 35 g Alaun, 1 Stunde.

Färben: Wie in Rezept 1.

Rezept 4: *Grün*

1000 g Sonnenblumenblüten
500 g Wolle

Vorbeize: 60 g Alaun, 1 Stunde.

Färben: 1 Stunde sanft kochend, Wolle herausnehmen, dem Farbbad 30 g gelöstes Eisensalz zusetzen, gut umrühren, Wolle wieder einlegen, ½ Stunde sanft kochend weiterfärben, waschen, spülen.

Spinat – *Spinacia*

Wer hat nicht schon einmal im Garten eine Unmenge Spinat gehabt, die in Saat zu schießen drohte? Schnell für die Färbeküche ernten und frisch verwenden! Durch den natürlichen Eisengehalt im Blatt färbt der Spinat wunderbar grün.

Sud: Die Spinatblätter 1 Stunde kochen, auskühlen lassen, abseihen, die Blätter im Mullbeutel über dem Farbsud ausdrücken.

Rezept 1: *Absinthgrün*

2000 g Spinat
500 g Wolle

Vorbeize: 65 g Alaun, 1 Stunde.

Färben: 1 Stunde sanft kochend, Wolle herausnehmen, dem Farbbad 20 g gelöstes Eisensalz zusetzen, gut umrühren, Wolle wieder einlegen, ½ Stunde sanft kochend weiterfärben, waschen, spülen.

Sumpfdotterblume – *Caltha palustris*

Überall auf feuchten Wiesen und an Graben- und Bachrändern finden wir die Sumpfdotterblumen reichlich. Kurz vor der Blüte die ganze Pflanze pflücken, die sich frisch und getrocknet zum Färben eignet.

Sud: Die Sumpfdotterblumen kleinschneiden, 1–2 Stunden einweichen, 1 Stunde kochen, auskühlen lassen, abseihen.

Rezept 1: *Orange*

2000 g frische Sumpfdotterblumen
500 g Wolle

Vorbeize: 35 g Alaun, 1 Stunde.

Färben: Dem Farbsud 1 EL 25prozentiges Ammoniak zusetzen, 1 Stunde sanft kochend färben, waschen, spülen.

Rezept 2: *Dunkelgrün*

im selben Farbsud
15 Tropfen Indigopaste
500 g Wolle

Vorbeize: 80 g Alaun, 1 Stunde.

Färben: Die Hälfte des Beizbades wegschütten und mit kaltem Wasser auffüllen, die Indigopaste tropfenweise zugeben, gut verrühren, 1 Stunde sanft kochend färben, Wolle herausnehmen und im Sumpfdotterblumensud 1 Stunde sanft kochend weiterfärben, waschen, spülen.

Schachtelhalm – *Equisetum*

Man findet den Schachtelhalm in Sümpfen, an feuchten Rändern von Teichen und Gräben, Waldschachtelhalm unter Bäumen und Farnen. Den vollausgewachsenen Schachtelhalm kann man im Frühjahr schneiden, sollte aber dabei nicht die Wurzeln vernichten. Man verwendet ihn zum Färben frisch und getrocknet, die Grautöne kommen bei getrocknetem Schachtelhalm besonders gut heraus.

Sud: Den kleingeschnittenen Schachtelhalm 3 Stunden einweichen, 3–4 Stunden kochen, im Sud auskühlen lassen, abseihen.

Rezept 1: *Wachsgelb*

1000 g getrockneten Schachtelhalm
500 g Wolle

Vorbeize: 80 g Alaun, 20 g Weinsteinrahm, 1 Stunde.

Färben: 1 Stunde sanft kochend, spülen.

Rezept 2: *Dottergelb*

im selben Sud
500 g Wolle

Vorbeize: 80 g Alaun, 1 Stunde.

Färben: 1 Stunde sanft kochend, Wolle herausnehmen, dem Farbbad 15 g Zinnsalz zusetzen, gut umrühren, auf 40 Grad abkühlen lassen, Wolle wieder einlegen, ½ Stunde sanft kochend weiterfärben, waschen, spülen.

Rezept 3: *Mausgrau*

1000 g getrockneten Schachtelhalm
500 g Wolle

Vorbeize: 80 g Alaun, 1 Stunde.

Färben: 1 Stunde sanft kochend, Wolle herausnehmen. 20 g Gallapfelpulver, 10 g Eisensalz und 10 g Weinsteinrahm zusammenmischen, in kochendem Wasser lösen und dem Farbbad zusetzen, gut umrühren, auf 40 Grad abkühlen lassen, Wolle wieder einlegen, ½ Stunde sanft kochend weiterfärben, waschen, spülen.

Rezept 4: *Rötlichgrau*

1000 g getrockneten Schachtelhalm
500 g Wolle

Vorbeize: Keine.

Färben: 10 g Gallapfelpulver und 10 g Weinsteinsäure miteinander vermischen, dem Farbsud zusetzen, 1 Stunde sanft kochend färben, waschen, spülen.

Schafgarbe – *Achillea millefolium*

Die Schafgarbe wächst sehr reichlich auf Wiesen und an Wegrändern. Man pflückt das blühende Kraut, das man frisch oder getrocknet zum Färben verwenden kann.

Sud: Das Schafgarbenkraut kleinschneiden, 1–2 Stunden weichen, 1½ Stunden kochen, auskühlen lassen, abseihen.

Rezept 1: *Gelb*

1000 g frische Schafgarbe
500 g Wolle

Vorbeize: 65 g Alaun, 1 Stunde.

Färben: 1 Stunde sanft kochend, spülen.

Rezept 2: *Moosgrün*

1000 g frische Schafgarbe
5 Tropfen Indigopaste
500 g Wolle

Vorbeize: 80 g Alaun, 1 Stunde.

Färben: Die Hälfte des Beizbades wegschütten und mit kaltem Wasser auffüllen, die Indigopaste tropfenweise zugeben, gut verrühren, 1 Stunde sanft kochend färben, Wolle herausnehmen, antrocknen lassen. In das Schafgarbenbad Wolle wieder einlegen, 1 Stunde sanft kochend weiterfärben, waschen, spülen.
Diese Färbung ist sehr echt.

Schilf – *Phragmites communis*

Schilf wächst reichlich an Teichrändern und Seeufern, in Sümpfen und Brackwasserlandschaften. Es färben nur die Blütenrispen des Schilfs, die man im August/September schneiden kann. Gut getrocknet halten sie sich sehr lange.

Sud: Die Schilfblüten 1–2 Stunden einweichen, 3–4 Stunden kochen, im Farbsud auskühlen lassen, abseihen. Der Schilfblütensud färbt besonders intensiv auf Leinen und Baumwolle.

Rezept 1: *Hellgrün*

1000 g Schilfblüten
500 g Wolle

Vorbeize: 125 g Alaun, 1 Stunde.

Färben: 1–2 Stunden sanft kochend, bis die gewünschte Farbe erreicht ist, im Farbsud auskühlen lassen, spülen.

Rezept 2: *Gelb*

2000 g Schilfblüten
500 g Wolle

Vorbeize: 120 g Alaun, 1 Stunde, 3 Tage feucht lagern.

Färben: 1 Stunde sanft kochend, spülen.

Rezept 3: *Grüngrau*

im selben Farbsud
10 g Pottasche
500 g Wolle

Vorbeize: 120 g Alaun, 1 Stunde, 3 Tage feucht lagern.

Färben: Die Pottasche in den Farbsud streuen, gut umrühren. 1 Stunde sanft kochend färben, im Farbbad auskühlen lassen (evtl. über Nacht zur Vertiefung der Farbe), spülen.

Schöllkraut – *Chelidonium majus*

Ein üppig wachsendes Unkraut, das man an Wegesrändern, auf Schuttplätzen, in Gärten, Knicks und Hecken findet. Das ganze Kraut kann man kurz vor der Blüte im Frühjahr pflücken. Es färbt am besten getrocknet. Vorsicht, Schöllkraut ist schwach giftig!

Sud: Das kleingeschnittene Schöllkraut langsam in der zum Färben nötigen Menge Wasser erwärmen, 2–3 Stunden bei 40 Grad halten, zum Kochen bringen und ½ Stunde kochen lassen, auskühlen lassen, abseihen.

Rezept 1: *Orangegelb*

1000 g getrocknetes Schöllkraut
500 g Wolle

Vorbeize: 75 g Alaun, 35 g Weinsteinrahm, 1 Stunde, 3 Tage feucht lagern.

Färben: 1 Stunde sanft kochend, spülen.

Rezept 2: *Grüngrau*

im selben Farbsud
500 g Wolle

Vorbeize: 65 g Alaun, 1 Stunde.

Färben: 1 Stunde sanft kochend, Wolle herausnehmen, dem Farbbad 20 g gelöstes Eisensalz zusetzen, gut umrühren, Wolle wieder einlegen, ½ Stunde sanft kochend weiterfärben, waschen, spülen.

Schwarzdorn – *Prunus spinosa*

Schwarzdorn oder Schlehe ist die typische Heckenpflanzung der nördlichen Knicklandschaften. Im Frühling, wenn die Bauern die Knicks ausholzen, bekommt man reichlich Schlehenrinde, die man abschält und trocknet. Die vollreifen Beeren sammelt man im Herbst. Sie färben wunderbar im frischen Zustand, halten sich auch gut tiefgefroren.

Sud: Die Rinden gut zerkleinern, einige Tage einweichen, 2–3 Stunden kochen, auskühlen lassen, abseihen.
Die Schlehenbeeren einmal brausend aufkochen lassen, durch ein Tuch abseihen, das Tuch über dem Farbsud ausdrücken und mit den Rückständen in den Farbsud hängen.

Rezept 1: *Rotbraun*

1000 g getrocknete Schwarzdornrinde
500 g Wolle

Vorbeize: 75 g Alaun, 1 Stunde.

Färben: 1½ Stunden sanft kochend, trocknen ohne zu spülen, im selben Farbbad noch einmal ½ Stunde sanft kochend weiterfärben, spülen.

Rezept 2: *Blaugrau*

1000 g Schlehenbeeren
500 g Wolle

Vorbeize: 60 g Alaun, 1 Stunde.

Färben: In den Farbsud 1 Tasse Apfelessig geben, 1 Stunde sanft kochend färben, spülen.
Diese Färbung ist nicht lichtecht!

Rezept 3: *Rosa – auf Seide*

1000 g Schlehenbeeren
500 g Seide

Vorbeize: Keine.

Färben: In den Farbsud 1 Tasse Apfelessig geben, 1 Stunde sanft zwischen 60 und 70 Grad färben, mit Seife waschen, spülen.

Studenten- oder Sammetblume – *Tagetes*

Diese beliebte, in vielen Gelbtönungen blühende Sommerblume ist in ganz Europa bekannt. Am besten färben die Blütenblätter, die man frisch oder getrocknet verwenden kann.

Sud: Die Tagetesblüten 1 Stunde sanft kochen, auskühlen lassen, abseihen.

Rezept 1: *Gelb, kräftig*

2000 g frische Tagetesblüten
500 g Wolle

Vorbeize: 80 g Alaun, 1 Stunde.

Färben: 1 Stunde sanft kochend, spülen.

Rezept 2: *Grün, weich*

im selben Farbsud
500 g Wolle

Vorbeize: 60 g Alaun, 1 Stunde.

Färben: 1 Stunde sanft kochend, im Farbsud bis zum nächsten Tag stehen lassen, Wolle herausnehmen, dem Farbbad 35 g gelöstes Eisensalz zusetzen, gut umrühren, Wolle wieder einlegen, ½ Stunde sanft kochend weiterfärben, waschen, spülen.

Rezept 3: *Goldbraun*

1000 g frische Tagetesblüten
500 g Wolle

Vorbeize: 15 g Chromkali, 1 Stunde.

Färben: 1 Stunde sanft kochend, waschen, spülen.

Rezept 4: *Rötlichbraun*

500 g getrocknete Tagetesblüten
500 g Haselnußhüllen
500 g Wolle

Vorbeize: 50 g Alaun, 1 Stunde.

Färben: Die Tagetesblüten und Haselnußhüllen zusammen einweichen, 1–2 Stunden kochen, auskühlen lassen, abseihen. Dem Farbsud 1 EL 25prozentiges Ammoniak zusetzen, ½ Stunde sanft kochend färben, Wolle herausnehmen, trocknen. Am nächsten Tag im selben Farbbad ½ Stunde nachfärben, waschen, spülen.

Rezept 5: *Holzrosa*

im selben Farbsud
5 g Cochenille
500 g Wolle

Vorbeize: 50 g Alaun, 30 g Weinsteinrahm, 1 Stunde.

Färben: Dem Farbsud die gestoßene und geweichte Cochenille zusetzen, 15 Minuten kochen lassen, abkühlen lassen und den Harzrand mit einem Papiertuch entfernen. Den Farbsud auf 40 Grad erwärmen, Wolle einlegen, 1 Stunde sanft kochend färben, spülen.

Tabak – *Nicotiana tabacum*

Diese aus Amerika eingeführte Pflanze wird an vielen Orten in Mitteleuropa angebaut. Zum Färben verwenden wir nur die Stengel. Wir pflanzen entweder den Tabak selbst im Färbegarten an oder erbitten vom Anbauer die langen Stiele zur Erntezeit. Tabak ist frisch oder getrocknet zum Färben zu verwenden.

Sud: Die Stengel kleinschneiden, 1–2 Stunden einweichen, 2–3 Stunden kochen, auskühlen lassen, abseihen.

Rezept 1: *Gelbbraun*

1000 g frische Tabakstiele
500 g Wolle

Vorbeize: 60 g Alaun, 1 Stunde.

Färben: Dem Farbsud 50 g gelöstes Kupfersalz zugeben, gut umrühren, auf 40 Grad erwärmen, Wolle einlegen, 1 Stunde sanft kochend färben, waschen, spülen.

Hat man reichlich Tabakstiele, so sollte man Entwicklungen mit Eisensalz oder Vorbeize mit Chromkali versuchen. Es ergeben sich reizvolle Tönungen.

Tanne – *Abies* **und Fichte** – *Picea abies*

Überall in den Nadelwäldern kann man Tannen- und Fichtenzapfen oder herabgefallene Äste sammeln. Zum Färben eignen sich am besten die im Frühjahr gesammelten Zapfen und Zweige, denn sie geben die Farbe besser ab, wenn sie noch innen feucht sind.

Sud: Die Zapfen gut zerkleinern, 2–3 Tage im Kupferkessel einweichen, 3–4 Stunden kochen, auskühlen lassen, abseihen.
Die Zweige zerkleinern, 2–3 Tage einweichen, 2–3 Stunden kochen, auskühlen lassen, abseihen.

Rezept 1: *Gelb*
6000 g Zapfen
500 g Wolle
Vorbeize: Keine.
Färben: 1–2 Stunden sanft kochend, waschen, spülen.

Rezept 2: *Rötlichbraun*
im selben Sud
500 g Wolle
Vorbeize: 100 g Alaun, 1 Stunde, 3 Tage feucht lagern.
Färben: 1–2 Stunden sanft kochend, spülen.
Beizen mit Kupfer und Chromkali ergeben kräftigere Tönungen.

Rezept 3: *Gelbbraun*
8000 g Zweige
500 g Wolle
Vorbeize: 100 g Alaun, 1 Stunde.
Färben: 1–2 Stunden sanft kochend, spülen.

Rezept 4: *Rötlichbraun*
im selben Sud
500 g Wolle
Vorbeize: Keine.
Färben: 1 Stunde sanft kochend, Wolle herausnehmen, trocknen. Am nächsten Tage in das gleiche Farbbad Wolle wieder einlegen, 1 Stunde sanft kochend weiterfärben, waschen, spülen.

Rezept 5: *Graubraun*

8000 g Zweige
500 g Wolle

Vorbeize: 100 g Alaun, 1 Stunde.

Färben: Den Farbsud teilen, in der ersten Hälfte 1 Stunde sanft kochend färben, Wolle herausnehmen, im Farbbad 20 g gelöstes Eisensalz zusetzen, gut umrühren, Wolle wieder einlegen, ½ Stunde sanft kochend weiterfärben, waschen, spülen.

Rezept 6: *Bronzebraun*

die zweite Hälfte des Farbsudes
500 g Wolle

Vorbeize: 100 g Alaun, 1 Stunde.

Färben: 1 Stunde sanft kochend, Wolle herausnehmen, dem Farbbad 30 g gelöstes Kupfersalz zusetzen, gut umrühren, Wolle wieder einlegen, ½ Stunde sanft kochend weiterfärben, waschen, spülen.

Tee – *Camellia sinensis*

Sud: Vom billigsten schwarzen Tee im Beizwasser den Farbsud bereiten.

Rezept 1: *Braun*

250 g Tee
500 g Wolle

Vorbeize: 125 g Alaun, 1 Stunde.

Färben: Den Tee in einem Mullsack in das Beizwasser hängen, 20 Minuten kochen, kräftig ausdrücken, dem Farbsud 30 g gelöstes Kupfersalz zusetzen, gut umrühren, Wolle einlegen, 1 Stunde sanft kochend färben, waschen, spülen.

Rezept 2: *Hellbraun*

Teesack von Rezept 1
500 g Wolle

Vorbeize: 125 g Alaun, 1 Stunde.

Färben: In dem Beizwasser mit dem schon benutzten Teesack verfahren wie in Rezept 1, 30 g gelöstes Kupfersalz zusetzen, gut umrühren, färben wie vordem.

Rezept 3: *Rötlichbraun*

500 g Tee
500 g Wolle

Vorbeize: 15 g Chromkali, 1 Stunde.

Färben: Den Tee in frischem Wasser 20 Minuten kochen, abseihen, das Farbbad mit kaltem Wasser auf die nötige Menge ergänzen, auf 40 Grad erwärmen, Wolle einlegen, 1 Stunde sanft kochend färben, waschen, spülen.

Wacholder – *Juniperus communis*

Der Wacholder, welcher hauptsächlich in Heide- und Gebirgslandschaften anzutreffen ist, steht unter Naturschutz. Vor allem das Sammeln der Wacholderbeeren ist verboten. Wir müssen uns also auf die Wacholderbäume in den Gärten beschränken oder getrocknete Wacholderbeeren kaufen. Die Beeren des Wacholders sind zweijährig. Im ersten Jahre ist die grüne Beere unsere Farbspenderin, aber auch die zweijährigen und getrockneten Wacholderbeeren färben gut. Der Unterschied im Farbton zwischen grünen und blauen Beeren ist nur gering.

Sud: Die frischen oder getrockneten Wacholderbeeren sehr fein zerhacken oder besser noch, mit einem Küchenmixer zermahlen. 1 Stunde einweichen, 1 Stunde kochen, auskühlen lassen, abseihen.

Rezept 1: *Mittelbraun*

1000 g Wacholderbeeren
500 g Wolle

Vorbeize: 80 g Alaun, 40 g Seesalz, 1 Stunde.

Färben: 2 Stunden sanft kochend, waschen, spülen.

Rezept 2: *Oliv*

im selben Farbsud
500 g Wolle

Vorbeize: 50 g Kupfersalz, 1 Stunde.

Färben: 1 Stunde sanft kochend, waschen, spülen.

Waid – *Isatis tinctoria*

Waid ist eine wärmeliebende Pflanze und daher vor allem im Süden zu finden, aber auch in einigen Gegenden Deutschlands wächst Waid wild. An einem geschützten, sonnigen Platz im Färbegarten kann man sich selber Waid ziehen. Die zweijährige Pflanze blüht erst im zweiten Jahre und sät sich selber aus. Die Blätter, die wir zum Färben benötigen, können schon im ersten Jahr geschnitten werden.

Das Bereiten des Farbsudes vom Waid ist etwas umständlich. Angeregt durch eine über 100 Jahre alte Waidkugel, den mir die Färberfamilie Junge in Kellinghusen schenkte, lockte es mich doch, das Verfahren zur Blaufärbung einmal zu erproben!

Von den frischen Waidblättern 1000 g abwiegen und durch eine Rohkost- oder Fleischmaschine drehen. Damit die ausfließenden blauen Säfte nicht verloren gehen, einen Plastikschutz unterlegen. Auf einer Plastikfolie ein Häufchen von 1000 g Waidmus im Freien zum Gären legen. Diese Häufchen einige Male mit verdünntem Urin anfeuchten. Es beginnt nun ein recht übelriechender Gärungsprozeß. Das Ende der Gärung ist an dem Nachlassen des Geruches zu merken. Jetzt aus der Masse feste Kugeln formen und gut durchtrocknen lassen. Diese Waidkugeln kann man sehr lange aufbewahren.

Waid sollte man nur in einer Urinküpe färben.

Hier ein Rezept für 500 g Wolle:

15 l Menschenurin sammeln, klären, in ein Küpengefäß mit 150 g Seesalz geben, 6 Stunden auf 50 Grad erwärmen, dann das Küpengefäß ins Wasserbad stellen, 10 kleingestoßene Waidkugeln in die Urinküpe rühren. Nun 4 Tage lang die Küpe zwischen 40–50 Grad halten, zweimal täglich umrühren, dabei möglichst wenig Sauerstoff in die Küpe kommen lassen. Am vierten Tage die Farbprobe machen: die Wolle muß gelbgrün aus der Küpe kommen und an der Luft blau werden. Geschieht das noch nicht, die Küpe noch einige Tage länger gären lassen. Probe wiederholen und bei richtiger Blaufärbung 500 g saubere, trockene Wolle in der Küpe unter die Flüssigkeit drücken, die Küpe verschließen und die Wolle bei 40 Grad bis zum nächsten Tage in der Küpe lassen. Die Wolle herausnehmen, gut über der Küpe ausdrücken und zum Verblauen etwa 10–12 Stunden an die Luft hängen. Es dauert beim Waid länger als bei der Indigoküpe. Ist die Wolle nicht dunkel genug geworden, am nächsten Tage in einem weiteren Zuge färben. Man kann in derselben Küpe eine weitere Partie Wolle von 500 g färben, die dann aber sehr viel heller wird.

Da die Waidküpe nicht so genau zu berechnen ist wie die Indigoküpe, ergeben sich interessante Farbtöne. Sie nuancieren manchmal etwas ins Braunblaue oder Blaurötliche. Waidküpenfärbungen sind genau so farbecht wie Indigoküpenfärbungen.

Waldbingelkraut – *Mercurialis perennis*

Man findet das Waldbingelkraut an schattigen Plätzen in Wäldern. Das grünblühende Kraut enthält Trimethalamin, welches die Farbe ergibt. Den blühenden Teil der Pflanze etwa Mai/Juni sammeln und frisch verwenden. Waldbingelkraut ist schwach giftig.

Sud: Kraut und Wolle zusammen kalt ansetzen.

Rezept 1: *Grünlichblau*

1000 g Waldbingelkraut
500 g Wolle

Vorbeize: 120 g Alaun, 1 Stunde.

Färben: Wolle und Waldbingelkraut lagenweise in einen Kessel schichten, mit kaltem Regenwasser bedecken, bei schwacher Temperatur langsam auf 70 Grad erwärmen, einige Stunden zwischen 60–70 Grad halten, bis die Farbe sichtbar wird. Anfangs erscheint die Wolle gelb, später zeigt sich der grünblaue Ton. Dann einmal kurz aufkochen lassen, Wolle im Farbbad auskühlen lassen, Pflanzenreste ausschütteln, waschen, spülen.

Walnuß – *Juglans nigra oder regia*

Walnußbäume findet man in Gärten und Parks in ganz Europa. Zum Färben können wir die Walnußblätter und die frischen Walnußhüllen verwenden. Die Blätter werden im Juni gepflückt und frisch verbraucht oder getrocknet. Die frischen, grünen Schalen sind für Wolle die intensivsten Braunfärber. Ausfärbungen aus Walnußschalen sind sehr farbecht und variabel. Die Walnußschalen sind so gerbsäurehaltig, daß fast immer ohne Beizen gefärbt werden kann, nur müssen die Schalen unbedingt noch ganz frisch und grün verarbeitet werden. Die braungewordenen Hüllen verlieren ihre Färbekraft.

Rezepte mit Walnußschalen

Rezept 1: *Orangebraun, kräftig*

Kaltfärbung

2000 g Walnußschalen
200 g Wolle

Vorbeize: Keine.

Färben: Die Walnußschalen mit Regenwasser bedecken und 24 Stunden stehen lassen. Die trockene, saubere Wolle ganz unter den kalten Farbsud drücken und 48 Stunden ziehen lassen. Die Wolle kommt grüngelb heraus und oxydiert an der Luft zu einem wunderschönen Orangebraun. Erst wenn die Farbe sich an der Luft nicht mehr verändert, waschen und spülen.

Rezept 2: *Mittelbraun*

Lauwarmfärbung

500 g Wolle

Vorbeize: Keine.

Färben: Für dieses Rezept das kalte Nußschalenbad von Rezept 1 mit kaltem Wasser auf mindestens 15 l auffüllen, um alle noch folgenden Färbungen gut durchführen zu können. Den Sud auf 40 Grad erwärmen, 500 g trockene, saubere Wolle in den Kessel legen, auf 40 Grad erwärmen, 2 Stunden darin ziehen lassen. Wolle herausnehmen, trocknen, erst danach waschen und spülen.

Rezept 3: *Dunkelbraun*

Kochfärbung

500 g Wolle

Vorbeize: Keine.

Färben: Denselben Farbsud mit den Nußschalen 1 Stunde sanft kochen und abseihen. 500 g gewaschene, feuchte Wolle einlegen, 1 Stunde sanft kochend färben, waschen, spülen.

Rezept 4: *Hellbraun*
Kochfärbung

Im selben Farbsud
500 g gewaschene feuchte Wolle

Vorbeize: Keine.

Färben: 1 Stunde sanft kochend, waschen, spülen.
In dem Restfarbbad mit Kastanienschalen einen Farbsud bereiten für das Rezept: Kastanienschalen, Rotbraun, Seite 104.

Sud: Die Walnußschalen 1 Woche in Regenwasser einweichen, das Einweichwasser auf 20 l ergänzen, mit den Schalen zum Kochen bringen, 1 Stunde kochen, auskühlen lassen, abseihen.

Rezept 5: *Dunkelbraun, besonders kräftig*

2000 g Walnußschalen
500 g Wolle

Vorbeize: Keine.

Färben: 1 Stunde sanft kochend, waschen, spülen.

Rezept 6: *Braun, einen Ton heller*

Im selben Farbsud
500 g gewaschene, feuchte Wolle

Vorbeize: Keine.

Färben: 1 Stunde sanft kochend, waschen, spülen.

Rezept 7: *Schwarz*
Kochfärbung

1000 g Walnußschalen
20 ccm Indigo
500 g Wolle

Vorbeize: 80 g Alaun, 1 Stunde.

Färben: Die Hälfte des Beizbades wegschütten, mit kaltem Wasser auffüllen, die Indigopaste tropfenweise zugeben, gut verrühren, die Wolle an Stöcken hängend umziehen, bei 70 Grad fallen lassen, 1 Stunde sanft kochend färben, spülen, trocknen. Die getrocknete Wolle in das Walnußschalenbad geben, 1 Stunde sanft kochend weiterfärben, waschen, spülen.

Wau – *Reseda luteola*

Wilde oder grüne Reseda ist ein Unkraut, das wir reichlich auf Schutthalden und alten Bahndämmen finden. Man kann auch im Färbergarten wilde Reseda ziehen. Es färbt die ganze Pflanze außer den Wurzeln, den meisten Farbstoff enthält aber der grüne Samen. Man erntet die zweijährige Pflanze im zweiten Jahr, kurz bevor die Samen reif sind, und trocknet sie.
Bei kalkarmem Wasser sollte man beim Färben mit Wau dem Wasser etwas Kalk zusetzen, dadurch werden die Farben haltbarer. Reseda ist nicht ganz lichtecht, darum nicht unbedingt in der Gobelinweberei resedagefärbtes Material verwenden.

Sud: Die getrockneten Pflanzenteile zerkleinern, einweichen, 1 Stunde sanft kochen, im Sud auskühlen lassen, abseihen.

Rezept 1: *Zitronengelb*

1000 g getrockneter Wau
500 g Wolle

Vorbeize: 150 g Alaun, 1 Stunde, 2 Tage feucht lagern, vor dem Färben einmal spülen.

Färben: ½ Stunde bei 80 Grad, Wolle herausnehmen, im Freien 2–3 Stunden trocknen lassen, im selben Farbbad ½ Stunde weiterfärben, im Farbbad auskühlen lassen, spülen.

Rezept 2: *Hellgelb*

im selben Farbsud
500 g Wolle

Vorbeize: 70 g Alaun, 20 g Seesalz, 1 Stunde, 3 Tage feucht lagern.

Färben: Wie in Rezept 1.

Rezept 3: *Gelb, rein*

500 g getrockneter Wau
100 g Pottasche
500 g Wolle

Vorbeize: 100 g Alaun, 1 Stunde, 3 Tage lagern.

Färben: 1 Stunde bei 80 Grad, im Farbbad auskühlen lassen, spülen.

Rezept 4: *Bronze*

1000 g getrockneter Wau
500 g Wolle

Vorbeize: 30 g Kupfersalz, 1 Stunde.

Färben: 1 Stunde sanft kochend, waschen, spülen.

Rezept 5: *Olivgelb*

im selben Farbsud
500 g Wolle

Vorbeize: 90 g Alaun, 30 g Weinsteinrahm, 1 Stunde.

Färben: 1 Stunde sanft kochend, Wolle herausnehmen, dem Farbbad 20 g gelöstes Eisensalz zusetzen, gut umrühren, Wolle wieder einlegen, ½ Stunde sanft kochend weiterfärben, waschen, spülen.

Rezept 6: *Goldbraun*

500 g getrockneter Wau
500 g Wolle

Vorbeize: 15 g Chromkali, 15 g Weinsteinrahm, 1 Stunde.

Färben: 1 Stunde sanft kochend, waschen, spülen.

Wegerich – *Plantago major*

Es gibt verschiedene Wegericharten, die reichlich als Unkraut an Wegesrändern, Äckern und Schutthalden wachsen. Man verwendet zum Färben die ganze Pflanze, ohne die Wurzeln. Kurz vor der Blüte, etwa Juni/Juli, schneidet man den Wegerich, den man frisch verwenden oder getrocknet aufbewahren kann.

Sud: Den Wegerich kleinschneiden, 1–2 Stunden einweichen, 1 Stunde kochen, auskühlen lassen, abseihen.

Rezept 1: *Gelb*

3000 g frischen Wegerich
500 g Wolle

Vorbeize: 120 g Alaun, ½ Stunde.

Färben: 1 Stunde sanft kochend, spülen.

Rezept 2: *Moosgrün*

im selben Sud
500 g Wolle

Vorbeize: 60 g Alaun, 1 Stunde.

Färben: 1 Stunde sanft kochend, Wolle herausnehmen, dem Farbbad 50 g gelöstes Kupfersalz oder 2 Tropfen Grünspan zusetzen, gut umrühren, Wolle wieder einlegen, 1 Stunde sanft kochend weiterfärben, waschen, spülen.

Weide – *Salix*

Eine große Anzahl Weidenarten sind weit über Europa verbreitet. An leicht feuchten Wegesrändern, Wiesengründen und Flußläufen finden wir diesen schmalblättrigen Baum. Die Weidenblätter voll ausgereift pflücken und frisch oder getrocknet verwenden.

Sud: Frische oder getrocknete Weidenblätter 1–2 Stunden einweichen, 1 Stunde kochen, auskühlen lassen, abseihen.

Rezept 1: *Gelb*

1000 g getrocknete Weidenblätter
500 g Wolle

Vorbeize: 60 g Alaun, 1 Stunde.

Färben: 1 Stunde sanft kochend, spülen.

Rezept 2: *Bronze, kräftig*

im selben Sud
500 g Wolle

Vorbeize: 50 g Kupfersalz, 1 Stunde.

Färben: 1 Stunde sanft kochend, waschen, spülen.

Rezept 3: *Graugrün*

1000 g frische Weidenblätter
500 g Wolle

Vorbeize: 60 g Alaun, 1 Stunde.

Färben: Dem Farbsud 50 g gelöstes Eisensalz zusetzen, gut umrühren, 1 Stunde sanft kochend färben, waschen, spülen.

Weißbuche – *Carpinus betulus*

Im Norden Europas, besonders an den Ostseeküsten, kommen häufig große Buchenwälder vor. Man kann im Frühjahr von den geschlagenen Bäumen die Rinde sammeln. Wie bei allen anderen Rindensorten färbt auch hier nur die innere Bastschicht.

Sud: Die zerkleinerte Rinde 3–4 Tage in einem Eisentopf einweichen, 3 Stunden sanft kochen, auskühlen lassen, abseihen.

Rezept 1: *Graublau*

1000 g Buchenrinde
500 g gewaschene, feuchte Wolle

Vorbeize: Keine.

Färben: Dem Farbsud 50 g gelöstes Kupfersalz zusetzen, gut umrühren, 1 Stunde sanft kochend färben, im Farbbad auskühlen lassen, waschen, spülen.

Wilder Wein – *Parthenocissus quinquefolia*

Der wilde Wein, ursprünglich aus Nordamerika kommend, wächst bei uns häufig an Hauswänden und Mauern. Die grünen Scheinfrüchte geben einen zartvioletten Farbton. Man pflückt sie im Herbst, wenn die Blätter schon golden werden, und kann sie frisch verwenden oder einfrieren.

Sud: Die Weinbeeren tüchtig zerdrücken, 1 Stunde sprudelnd kochen, auskühlen lassen, abseihen.

Rezept 1: *Violettgrau*

2000 g Weinbeeren
500 g Wolle

Vorbeize: 70 g Alaun, 1 Stunde.

Färben: 1 Stunde sanft kochend, Wolle herausnehmen, dem Farbbad 3 Tassen Apfelessig zugeben, Wolle wieder einlegen, 20 Minuten sanft kochend weiterfärben, waschen, spülen.
Diese Färbung ist nicht lichtecht!

Zwiebel – *Allium cepa*

Gemüsezwiebeln können wir jederzeit im Gemüsegeschäft bzw. auf dem Markt kaufen oder auch in unserem Garten selbst ziehen.
Von der großen Speisezwiebel verwendet man die äußere, braune Schale, bei der kleinen roten Gemüsezwiebel kann man die äußere Schale und die erste fleischige Schicht verwenden.

Sud: Bei der großen Speisezwiebel Schale und Wolle zusammen kochen, von der roten Gemüsezwiebel die Schale kalt aufsetzen, 2 Stunden kochen, auskühlen lassen, abseihen.

Rezept 1: *Goldgelb, strahlend*

1000 g braune Zwiebelschale
500 g Wolle

Vorbeize: 90 g Alaun, 30 g Weinsteinrahm, 1 Stunde.

Färben: Wolle und Zwiebelschalen lagenweise im Farbkessel schichten, mit kaltem Wasser bedecken, langsam zum Kochen bringen, 1 Stunde sanft kochend färben, auskühlen lassen. Am nächsten Tag Wolle aus dem Farbbad nehmen, Zwiebelschalen gut ausschütten, waschen, spülen.

Rezept 2: *Braungelb*

Den Farbsud von Rezept 1 abseihen, mit kaltem Wasser auf 15 l ergänzen
500 g Wolle

Vorbeize: 15 g Chromkali, 1 Stunde.

Färben: 1 Stunde sanft kochend, waschen, spülen.

Rezept 3: *Rötlichgelb*

500 g braune Zwiebelschale
100 g Alaun
500 g Wolle

Wolle und Zwiebelschalen lagenweise im Kupferkessel schichten, Alaun darüber streuen, mit Wasser bedecken und langsam erwärmen, 1 Stunde sanft kochend färben, auskühlen lassen. Wolle aus dem Farbbad nehmen, Zwiebelschalen gut ausschütten, waschen, spülen.

Rezept 4: *Zitronengelb*

500 g rote Zwiebelschale
500 g Wolle

Vorbeize: 65 g Alaun, 1 Stunde.

Färben: ½ Stunde sanft kochend, waschen, spülen.

Rezept 5: *Dunkelorange*

500 g rote Zwiebelschale
500 g Wolle

Vorbeize: 60 g Alaun, 1 Stunde.

Färben: Dem Farbsud 2 EL 25prozentiges Ammoniak zusetzen, 1 Stunde sanft kochend färben, waschen, spülen.

Alphabetisches Verzeichnis der Pflanzen und Farbskala

Name der Pflanze	Seite	Gelb	Gelbgrün	Gold	Orange	Braungold	Rotbraun	Rot	Violett	Purpur	Blau	Lila	Grün	Olivgrün	Moosgrün	Beige	Braun-hell	Braun-dunkel	Grau	Schwarz
Akazie *Robinia pseudoacacia*	31						■										■			
Ampfer, krauser *Rumex crispus*	31	■	■														■			
Apfel *Malus sylvestris*	32		■		■										■		■			
Astflechte *Parmelia physodes*	74	■															■			
Bärenklau *Heracleum sphondylium*	33	■	■											■						
Bärentraube *Arctostaphylos uva-ursi*	34	■												■						
Bartflechte *Usnea barbata*	74					■	■													
Berberitze - gemeiner Sauerdorn *Berberis vulgaris*	35	■													■					
Birke *Betula*	36	■		■	■	■	■						■	■			■	■		
Birne *Pyrus communis*	41	■												■						
Blaubeere *Vaccinium myrtillus*	41	■							■		■				■		■	■		
Blauholz *Haematoxylon campechianum*	43								■	■	■	■								■
Blutwurz *Potentilla tormentilla*	48			■			■	■									■			
Brasilholz - Pernambuc-Holz *Caesalpinea echinata*	49						■	■	■	■		■								

Name der Pflanze	Seite	Gelb	Gelbgrün	Gold	Orange	Braungold	Rotbraun	Röt	Violett	Purpur	Blau	Lila	Grün	Olivgrün	Moosgrün	Beige	Braun-hell	Braun-dunkel	Grau	Schwarz
Brennessel *Urtica diodica*	52		x												x					
Brombeere *Rubus fruticosus*	53	x		x								x			x		x	x		
Butternuß *Juglans cineria*	55				x												x	x		
Cochenille *Coccus cacti*	56							x	x	x		x								
Cudbear *Rocella tinctoria*	78											x								
Eiche *Quercus*	63	x															x			
Erle *Alnus glutinosa*	64		x	x											x		x	x	x	
Espe – Zitterpappel *Populus tremula*	66		x					x							x					
Färberscharte *Seratula tinctoria*	67	x												x			x			
Farn – Adlerfarn *Pteridium aquilinum*	69		x														x			
Faulbaum *Rhamnus frangula*	70						x				x					x	x			
Feige *Ficus carica*	71					x							x			x		x		
Flechten	72	x	x			x	x					x		x	x		x	x		
Frauenmantel *Alchemilla vulgaris*	79	x													x					

Name der Pflanze	Seite	Gelb	Gelbgrün	Gold	Orange	Braungold	Rotbraun	Rot	Violett	Purpur	Blau	Lila	Grün	Olivgrün	Moosgrün	Beige	Braun-hell	Braun-dunkel	Grau	Schwarz
Fustic – Gelbholz *Morsus tinctoria*	80	x		x																
Gallapfel *Cynips gallae tinctoria*	81											x							x	x
Geißklee *Lembotropis nigricans*	83			x																
Ginster – Färberginster *Genista tinctoria*	83					x								x		x	x			
Goldregen *Laburnum anagyroides*	85			x																
Goldrute *Solidago virgaura*	85			x									x	x				x		
Haarflechte *Alectoria sarmentosa*	76			x				x									x			
Hecken- oder Hundsrose *Rosa canina*	86	x	x	x													x	x		
Heide *Calluna vulgaris*	88		x	x									x	x				x		
Henna *Lawsonie inermis*	90			x	x		x								x					
Holunder *Sambucus nigra*	91		x						x											x
Indigo *Indigofera*	92										x		x							x
Iris *Iris pseudocorus*	99		x																	x
Johannisbeere, schwarze *Ribes nigrum*	100								x											

Name der Pflanze	Seite	Gelb	Gelbgrün	Gold	Orange	Braungold	Rotbraun	Rot	Violett	Purpur	Blau	Lila	Grün	Olivgrün	Moosgrün	Beige	Braun-hell	Braun-dunkel	Grau	Schwarz
Johanniskraut *Hypericum*	100	x			x												x			
Kaffee *Coffea arabica*	101					x														
Kamille – Färberkamille *Anthemis tinctoria*	102	x			x	x								x						
Kastanie *Aesculus hippocastanum*	103	x				x	x						x							
Katechu *Akacia catechu*	106						x										x	x		
Kerbel, wilder *Anthriscus cerefolium*	107		x											x				x		
Kermesbeere *Phytolacca americana*	108							x												
Kermeslaus *Coccus ilicis*	108							x												
Kiefer *Pinus sylvestris*	110															x	x			
Kirsche *Prunus cerasus*	111					x	x												x	
Krähenbeere *Empetrum nigrum*	112						x		x		x									
Krapp *Rubia tinctoria*	112				x		x	x												
Kreuzdorn – Gelbbeere *Rhamnus carthaticus*	117	x		x										x						
Kurkuma *Curcuma tinctoria*	118				x								x							

Name der Pflanze	Seite	Gelb	Gelbgrün	Gold	Orange	Braungold	Rotbraun	Rot	Violett	Purpur	Blau	Lila	Grün	Olivgrün	Moosgrün	Beige	Braun-hell	Braun-dunkel	Grau	Schwarz
Labkraut *Gallium verum*	119						x	x												
Lärche *Larix decidua*	120						x										x	x		
Lärchenflechte *Evernia vulpina*	75												x				x			
Liguster – Rainweide *Ligustrum vulgaria*	121	x												x						
Lilie *Lilium*	122	x																		
Maiglöckchen *Convallaria majalis*	123				x															
Malve *Malva silvestris*	123						x	x					x							
Maulbeere *Morus*	124												x			x			x	
Möhre *Daucus carota*	125	x													x					
Nabelflechte *Umbilicaria*	77								x			x								
Ochsenzunge – Alkanna *Anchusa tinctoria*	126							x	x	x					x					
Orlean *Dixa orellana*	127	x			x															
Orseille *Rocella tinctoria*	78								x			x								
Petersilie *Petroselium sativ*	128	x	x																	

Name der Pflanze	Seite	Gelb	Gelbgrün	Gold	Orange	Braungold	Rotbraun	Rot	Violett	Purpur	Blau	Lila	Grün	Olivgrün	Moosgrün	Beige	Braun-hell	Braun-dunkel	Grau	Schwarz
Pflaume *Prunus domestica*	129				x		x					x					x			x
Querzitron – Flavin *Quercus tinctoria*	130	x	x		x															
Rainfarn *Tanacetum vulgares*	131		x	x	x														x	
Rentierflechte *Cetaria islandica*	73													x			x			
Rhabarber *Rheum*	132												x							
Ringelblume *Calendula officinalis*	133	x											x							
Saflor *Carthamus tinctoria*	134			x		x							x							
Sandelholz *Pterocarpus santalismus*	135				x		x	x												
Silberpappel *Populus alba*	136						x										x			
Sonnenblume *Helianthus annus*	137	x	x		x								x							
Spinat *Spinacia*	138												x							
Sumpfdotterblume *Caltha palustris*	138				x									x						
Schachtelhalm *Equisetum*	139	x						x											x	
Schafgarbe *Achillea millefolium*	140	x													x					

Name der Pflanze	Seite	Gelb	Gelbgrün	Gold	Orange	Braungold	Rotbraun	Rot	Violett	Purpur	Blau	Lila	Grün	Olivgrün	Moosgrün	Beige	Braun-hell	Braun-dunkel	Grau	Schwarz
Schilf *Phragmites*	141	x											x							
Schöllkraut *Chelidonium majus*	142				x								x							
Schwarzdorn *Prunus spinosa*	143						x				x		x							
Steinschlüsselflechte *Parmelia omphalodes*	77				x		x										x			
Studenten- oder Sammetblume *Tagetes*	144	x				x	x	x					x							
Tabak *Nicotiana tabacum*	145																x			
Tanne *Abies*	146	x		x			x										x			
Tee, schwarzer *Camellia sinensis*	147						x										x	x		
Wacholder *Juniperus communis*	148													x			x			
Waid *Isatis tinctoria*	149										x	x								
Waldbingelkraut *Mercurialis perennis*	150												x							
Walnuß *Juglans nigra*	150			x			x							x			x	x		x
Wau *Reseda luteola*	152	x	x			x														
Wegerich *Plantago major*	154	x													x					

Name der Pflanze	Seite	Gelb	Gelbgrün	Gold	Orange	Braungold	Rotbraun	Rot	Violett	Purpur	Blau	Lila	Grün	Olivgrün	Moosgrün	Beige	Braun-hell	Braun-dunkel	Grau	Schwarz
Weide *Salix*	155	■				■							■							
Weißbuche *Carpinus betulus*	156										■								■	
Wilder Wein *Parthenocissus quinquefolia*	156								■										■	
Zwiebel, gelbe und rote *Allium cepa*	157	■		■	■												■			

Literaturverzeichnis

Adrosko, Natural Dyes and Home Dyeing, New York 1974
Aichele, Was blüht denn da?, Stuttgart 1975
Aichele/Schwengler, Unsere Moose und Farnpflanzen, Stuttgart 1974
Atwater/Meip, The Shuttle Craft Book of American Handweaving, New York 1928
Bertrand, La tapisserie de Bayeux, 1966
Bain, The Clans and Tartans of Scotland, London 1948
Ecole Ménagère regionale de Sainte Martin: Extrait des plantes de chez nous, Ottawa 1941
Ehlers, Hamburgisches Färbebuch, Hamburg 1817
Fels, Das Färben mit Pflanzenfarben, Berlin 1936
Forman/Wassef, Blumen der Wüste, Prag 1961
Graf, Pflanzenbestimmungsbuch, München 1963
Henssen/Jahns, Lichenes, Flechtenkunde, Stuttgart 1974
Hentschel, Irmgard färbt mit Pflanzenfarben, Frankfurt 1942
Küppers, Farbe – Ursprung, Systematik, Anwendung, München 1972
Ploss, Ein Buch von alten Farben, München 1967
Spränger, Färbbuch, Grundlagen der Pflanzenfärberei auf Wolle, Stuttgart 1965
Thurstan, The Use of Vegetable Dyes, Leicester 1972
Wehmer, Die Pflanzenstoffe, ohne Ortsangabe, 1929/1935
Ziehr, Zauber vergangener Reiche, Gütersloh 1975